本书是北京信息科技大学重点研究培育项目"汉英'整体—部分'关系对比研究"（2121YJPY233）的研究成果。感谢北京信息科技大学科技处的资助！

光明社科文库
GUANGMING DAILY PRESS:
A SOCIAL SCIENCE SERIES

·教育与语言书系·

空序律

英汉时空性差异视角下汉语的空间顺序原则

艾 瑞 | 著

光明日报出版社

图书在版编目（CIP）数据

空序律：英汉时空性差异视角下汉语的空间顺序原则／艾瑞著．－－北京：光明日报出版社，2023.12
ISBN 978-7-5194-7653-3

Ⅰ.①空… Ⅱ.①艾… Ⅲ.①英语—对比研究—汉语 Ⅳ.①H31②H1

中国国家版本馆 CIP 数据核字（2023）第 247234 号

空序律：英汉时空性差异视角下汉语的空间顺序原则
KONGXULÜ：YINGHAN SHIKONGXING CHAYI SHIJIAO XIA HANYU DE KONGJIAN SHUNXU YUANZE

著　　者：艾　瑞
责任编辑：李壬杰　　　　　　　责任校对：李　倩　董小花
封面设计：中联华文　　　　　　责任印制：曹　净

出版发行：光明日报出版社
地　　址：北京市西城区永安路 106 号，100050
电　　话：010-63169890（咨询），010-63131930（邮购）
传　　真：010-63131930
网　　址：http://book.gmw.cn
E － mail：gmrbcbs@gmw.cn
法律顾问：北京市兰台律师事务所龚柳方律师

印　　刷：三河市华东印刷有限公司
装　　订：三河市华东印刷有限公司
本书如有破损、缺页、装订错误，请与本社联系调换，电话：010-63131930

开　　本：170mm×240mm
字　　数：128 千字　　　　　　印　　张：12.5
版　　次：2024 年 3 月第 1 版　　印　　次：2024 年 3 月第 1 次印刷
书　　号：ISBN 978-7-5194-7653-3
定　　价：85.00 元

版权所有　　翻印必究

前　言

　　基于认知语言观提出的时间顺序原则不论在宏观层面抑或微观层面都具有重大意义，然而，其适用性、主导性、全面性等方面存在的问题，也需要我们关切和分析。本书以"英汉时空性差异观"为视野，采用理论分析与实证考察相结合的方法，主要探究以下四个问题：第一，语言的象似性语序规律研究应以何种语言现象作为研究对象？第二，时间顺序规律是汉语的个性还是包括英语在内的所有语言的共性？第三，相较于英语民族而言，汉语民族的时空隐喻偏好及其时空观呈现出何种特性？第四，以英语为参照，汉语的主导性语序规律究竟如何？本书的主要结论有四点。

　　第一，真实语言中的语序是语义范畴的临摹原则和语法范畴的抽象原则相互作用的结果，在观察和讨论语言的象似性规律时，应充分顾及固定句式和句中其他组分语义的相互影响。在语言的各结构中，并列结构内部各语言要素之间的地位是最接近平等的，受语义牵制的可能性较低，更易于准确观察语序象似性规律。因此，不仅连谓结构应作为检验语序象似性规律的标准结构，而且语言各结构中的并列结构也应作为研究语言语序象似性规律的主要考察对象。

第二，人类对时间流动的一般认知具有线性、单向、不可逆的特征，对于时间流动具有较为近似的体验。由先到后的排列顺序是人类的一般认知规律，这种共性也必然会反映于语言表达。时间顺序规律是人类语言的基本规律，而不是汉语的个性化规律。时间顺序原则的确存在于汉语，但并非汉语所独有，因此，将其作为"能够揭示汉语独有的基底的观念原则"并不太合适。语言的顺序象似性源自时间顺序原则，而二者并非等同。

第三，汉语除了可将时间隐喻为二维或三维空间概念之外，甚至可用多种具体事物来代指时间。汉语中表示时间概念的单位词通常源自其表示的具体物象概念。同时，汉语中许多时间词兼具丰富的时间概念和空间概念。以上这些特性英语并不具备。汉语民族通过空间概念来感知、理解并描述时间概念，已形成独特的时空观。汉语通过"观物—取象—择言"，将时间概念纳入空间概念，成为其一个次类。空间概念是中华文化的基底概念，空间概念包含时间概念，是汉语民族感知、观察和理解客观世界并对其概念化的主导性观念。

第四，以顺序象似性的观点看，人们感知事物的顺序和描述事物的顺序通常是一致的。汉语民族在对客观世界概念化的过程中，基本遵循特定的空间顺序规律，这一规律影响语言各个层面不同成分的组成顺序。空间顺序象似性是汉语顺序象似性的基础，具有主导性作用，在语法中表现为空间顺序原则，具体表现为：汉语中两个层次、级别相同的语法单位的相对次序与其所表示的概念领域里从大到小的顺序契合。

概言之，本书尝试在汉语具有强空间性特质这一观点下，探讨戴浩一提出的汉语时间顺序原则，发现象似性语序对汉语研究虽具有重要价值，但也发现时间顺序原则存在研究对象、个性与共性、普遍适用性等方面的问题。本书通过对汉语民族时空隐喻偏好的分析，从传统文化脉络中观照汉语民族的时空观及其思维方式，并以英语为比照，揭示汉语具有较强的空间顺序象似性，其语序的主导性原则是空间顺序原则，而时间顺序原则只是汉语语序的一条从属性原则。空间顺序原则可以有效解释汉语合成词的语素语序、铺排列举结构中的排列顺序以及描写性语篇的逻辑顺序等不同层面的语序事实。

目 录
CONTENTS

第一章 绪论 ·· 1
　第一节　研究缘起与问题提出 ································· 1
　第二节　研究背景 ·· 6
　第三节　研究目标 ·· 8
　第四节　研究意义 ·· 10
　第五节　本书结构 ·· 11

第二章 研究综述 ·· 14
　第一节　汉语语序研究概况 ···································· 14
　第二节　汉语象似性研究概况 ·································· 20
　第三节　文化语言学研究概况 ·································· 25

第三章　英汉时空性差异观 …………………………… 28
第一节　英汉时空性差异观的研究进展 ……………… 29
第二节　英汉时空性差异观尚待解决的问题 ………… 45

第四章　时间顺序原则的主要问题 ………………………… 49
第一节　时间顺序原则的研究对象问题 ……………… 49
第二节　时间顺序规律的共性与个性问题 …………… 54
第三节　时间顺序象似性的适用性问题 ……………… 62

第五章　汉语的空间顺序原则 ……………………………… 65
第一节　空间顺序象似性在汉语语序规律中的主导性 … 67
第二节　时间顺序原则与空间顺序原则的关系 ……… 74

第六章　汉语空间顺序原则在各层次并列结构中的体现 …………………………………………………… 80
第一节　并列式合成词的语素顺序 …………………… 81
第二节　名词铺排与列举结构中的排列顺序 ………… 99
第三节　描写性语篇的逻辑顺序 ……………………… 103

第七章　汉语空间顺序原则的文化理据 ………………… 111
第一节　语言与文化的关系 …………………………… 112

第二节 汉语民族的时空认知方式及其整体思维
特质 ································· 128

第八章 结语 ··································· **154**
第一节 研究发现与创新 ················· 154
第二节 研究局限与不足 ················· 158

参引文献 ····································· **160**

致谢 ·· **185**

第一章 绪 论

第一节 研究缘起与问题提出

人类无法同时表达两种或两种以上事物，因此语言的各个单位都是按照一定的顺序依次排列的，既受到语言句法条件的限制，也取决于说话者的主观意愿。不同语言中各个结构的排列规律所受到的句法限制并不相同。

相对于形态丰富的语言来说，语序在汉语句法中扮演的角色更为重要。Li & Thompson（1981）曾指出，汉语就语序而言是一种不易分类的语言，似乎无法确定其基本语序。汉语语序有别于其他语言的特性，在语言类型学研究兴起后逐渐引起了学术界的关注。然而，只描写语序的表层现象和规律，不探索和揭示其背后的深层原因，这是不可取的。此前，大量研究基于"汉语是分析语，缺乏形态变化"这一判断，得出了"汉语语序重要"和"汉语语序灵活"这两种看似有些矛盾的结论，并未对汉语语序究竟遵循何种规律做进一步研究。

戴浩一于 1985 年在 Haiman 主编的论文集 *Iconicity in Syntax* 上发表了 "Temporal sequence and Chinese word order" 一文。1988 年，黄河将此文译成汉语，在《国外语言学》1988 年第 1 期上发表了题为《时间顺序和汉语的语序》的文章。自此以后，学界将戴浩一提出的 "The Principle of Temporal Sequence in Chinese word order" 称为"汉语语序的时间顺序原则"，并在学界引起了很大反响。"时间顺序原则"是指汉语"两个句法单位的相对词序决定于它们所表示的概念领域里的状态的时间顺序"。实际上，在这之前，已有学者注意到汉语的这一规律。廖庶谦（1940）就曾明确指出，汉语一般是以时间的先后为序的。

戴浩一（1988）将这条原则应用到带有时间连词的复句、连谓结构、部分状中结构和部分状语等方面进行分析，借此归纳汉语的大量语序现象，认为"在一条总原则下概括了至今被认为互不相干的大量的语序规则""管辖着汉语中大多数可以定出的句法范畴的语序表现""可以看成是一条总的句法限制"（戴浩一，1988）。

时间顺序原则的确能反映汉语的部分语序规律，但不难发现，其应用范围主要是带有多个动词或多个时间性表达的句子，其核心是把动词当作核心参照点，并按照时间顺序排列动词以及与动词有语义关联的其他成分。然而，汉语与印欧语不同，汉语不是以动词为中心，而是更加偏重名词。沈家煊（2016）指出，汉语里名词和动词属包含关系，动词只是名词的一个次类。再者，流水句、名词独语句在汉语中普遍存在，不含动词的名词谓语句也很常见（王文斌，赵朝永，2017a；王文斌，2018；王文斌，崔靓，2019a）。如：

（1）a. 她①高鼻梁②。

　　　b. *高鼻梁②她①。

（2）a. 一张桌子①四条腿②。

　　　b. *四条腿②一张桌子①。

（3）a. 一九四一年①，春末②，一个轻风薄雾的黎明③。（薛克扬《连心锁》）

　　　b. *一个轻风薄雾的黎明③，春末②，一九四一年①。

（4）a. 王之妃①，百二十人，后②一人，夫人③三人，嫔④九人，世妇⑤二十七人，女御⑥八十一人。（郑司农《周礼·天官·内宰》注）

　　　b. *女御⑥八十一人，世妇⑤二十七人，嫔④九人，夫人③三人，后②一人，百二十人，王之妃①。

（1）—（4）句均不含动词，由名词短语组成，而这些名词短语的倒序会让句子变得不可接受。此外，汉语各语法层次的结构中各成分的顺序也很难借由时间顺序原则得到解释。如：

(5) a. 森林　尺寸　屋顶　君臣

　　b. *林森　*寸尺　*顶屋　*臣君

(6) a. 从前有座山①，山里有个庙②，庙里有个和尚③讲故事。

　　b. *从前有一个在一个坐落在一座山①里的庙②里讲故事的和尚③。

(5) a 中名词性合成词内部的语素顺序呈现出固定规律，不可逆转，如(5) b。(6) a 来自广泛流传于我国民间的口头文学，其中"山""庙""和尚"的出现顺序与英文的表达习惯相反，① 若直接回译为汉语的(6) b，则从语序和句法上都难以接受。

陆俭明(2018)指出，"在语言学论证中，充足的、有说服力的语言事实是第一位的。因此，我们要努力注意不断挖掘和发现有价值的语言事实"。其中，第一种有价值的语言事实就是"前人未曾注意、从未谈及的语言现象"。以下是文中所给出的一个例子②：

(7) a. 参加这一届亚洲大学生运动会的有 21 个国家①32 支体育代表队②763 名男女运动员③。

---

① 其英译，请见本书第六章第三节。
② 此例的英译文是本书作者加的。

b. <u>763 male and female athletes</u>③ from <u>32 sports teams</u> ② from <u>21 countries</u>① participated in the Asian University Games.

我们发现，当把这个例子译为英文后，句中"国家""代表队"和"运动员"的位置发生了调转。

对于上述这类语言现象，戴浩一（1988，1990，1991）并未论及，也未对时间顺序原则本身做出合理修正，而是尝试其他方法，提出了一系列用于控制汉语语序的象似性原则对时间顺序原则加以扩充，包括时间范围原则、凸显原则、已知前于新知原则（其中包含信息中心原则和话题—述题结构）、整体前于部分原则、修饰部分前于中心名词原则、从句前于主句原则等，希图以此构建"完整的汉语语序理论"，认为这些原则是"能够揭示汉语独有的基底的（underlying）观念原则"（1990）。然而，这些原则之间理据相互独立，关联度牵强，各自的地位和彼此之间的关系并不清晰，难以将其视为一组内部自洽的汉语语序理论。此外，这些原则大多只是对汉语语序现象和局部规律的描写，缺乏对其背后深层缘由的究考。

此前，蒋绍愚（1999），孙良明，金敬华（2002）和蒋平（2004）已分别指出时间顺序原则存在的问题，举出一些反例和不适用的情况。本书希冀考究的是，时间顺序原则作为汉语"一条总的句法限制"，何以需要其他诸原则加以补充？这些原则是否足以清晰完整地揭示汉语语序的基本规律？我们能否依据汉语的本色提出更为有效的主导性语序原则？

戴浩一（1988）提到，时间范围原则的"解释价值可以结合逻辑范围的概念更好地加以评定。这个原则应用的限度和性质还有待进一步考察"。因此，本书的重点在于，结合汉语具有强空间性的观点，并借用更多的证据对其进行考察，提出"空间顺序原则"是汉语语序的主导性原则，这更加贴近汉语的本色，并借用更多的证据对其进行考察。

第二节　研究背景

Peirce（1932）最早论及语言中的象征（icons）问题。Jakobson（1965）引用Pierce有关图式象征的观点探索语言的本质，Haiman（1980，1983，1985a，1985b，1988）较为系统地探讨了语言象似性的各个方面。语言形式反映了人类对世界的感知、体验和认知方式，正因为如此，语言的结构，特别是语法结构，与人们对客观世界的认知在相当程度上是存在象似关系的。在认知语言学中，象似性原则（principle of iconicity）亦称"临摹原则"，与"抽象原则"相对，指语法结构的排列顺序在一定程度上可以反映现实世界的情景，符合人们的普遍认知规律，具有一定的临摹性。象似性原则主要有三种表现形式，分别为：顺序象似性、距离象似性和数量象似性。

戴浩一（1990，1991）在认知语言学视野下，针对Chomsky及其他生成语法学者所依据的语法自主性提出了不同的看法，认为语法现象是概念系统概念化的结果，因此，语法与语义并不是任意的，而是遵循自然原则相互对应的，而且不同的语言存在着不同的概念化原则。他借此提出了一个研究汉语语法的新框架——"以认知为基础的功能语法"（Cognition-Based Functional Grammar），该框架独立于以欧洲语言为基础的语法范畴之外，试图揭示作为汉语语法基础的概念化原则。对此，徐通锵（1991）有比较精要的总结和评论："（戴浩一）提出一种介于语言的客观主义和语言的相对主义之间的非客观主义的哲学"，主张"从人类对时空的一些基本认知能力出发，结合一般的交际原则，来了解汉语的结构原则"，倡导建立"以认知为基础的汉语功能语法"，由此试图"摆脱传统语法、结构语法、转换—生成语法的束缚""有助于我们从宏观上去认识汉语的结构特点"，对汉语语序研究做出了重要贡献。

本书认为，宏观层面上，从"建立了汉语语法研究新框架"和"提出一种非客观主义的哲学"的角度来看，时间顺序原则的提出意义重大；微观层面上，认知语义视角能为汉语语序问题的研究提供新的思路，值得肯定。然而，近年来已有越来越多的学者开始思考时间顺序原则的不足之处（蒋绍愚，1999；卢卫中，2002；孙良明，金敬华，2002；蒋平，2004；

李英哲，2013；张敏 2019）。

王文斌（2013a，2013b，2019）以 Humboldt 提出的"内蕴语言形式"（inner linguistic form）观为挈领，从语言与思维二者之间的关系角度考察英汉语之间的差异，从英汉语民族的不同思维角度审视英汉语的本质性区别，首次提出了"英语具有时间性特质，而汉语则具有空间性特质"这一值得深度探讨的学术观点，为本书从英汉时空性特质的观点中有效解释汉英的空间顺序原则与时间顺序原则提供了理论基础。

第三节 研究目标

本书尝试以汉语具有强空间性特质、英语具有强时间性特质的观点为视野，探讨戴浩一提出的汉语时间顺序原则，发现虽然象似性语序对汉语研究具有重要价值，但时间顺序原则却存在研究对象、适用性、个性与共性等方面的问题。

语言的顺序象似性源自时间顺序原则，而二者并非等同。汉语能否像大多数印欧语一样把"时间顺序"当作"顺序象似性"的原则，这值得探究。时间顺序原则对汉语语序的表层现象做了较为充分的描写，虽已总结出一定的规律，却尚未反映汉语的本质性特征，未能揭示规律背后的深层原因。

本书通过对汉语民族时空隐喻偏好的分析，从传统文化脉络中观照汉语民族的时空观及其思维特质,并以英语为比照,揭示汉语具有较强的空间顺序象似性,其语序的主导性原则是空间顺序原则,而时间顺序原则只是汉语语序的一条次要原则。空间顺序原则可以有效解释汉语并列式合成词的语素语序、铺排列举结构中的排列顺序以及描写性语篇的逻辑顺序等不同层次的语序事实。

本书拟解决以下关键问题:

第一,语言的象似性语序规律研究应以何种语言现象作为研究对象?

第二,时间顺序规律是汉语的个性还是包括英语在内的所有语言的共性?

第三,相较于英语民族而言,汉语民族的时空隐喻偏好及其时空观呈现出何种特性?

第四,以英语为参照,汉语的主导性语序规律究竟如何?

本书主要采用以下研究方法:

第一,对比法。本书主要从语义的角度对汉英的语序进行对比。

第二,分析法。本书选取并分析汉英双语典型语例,来源包括但不限于:《水浒传》《三国演义》《西游记》《红楼梦》《鲁滨孙漂流记》《假如给我三天光明》等中外名著名篇。

第三,归纳法。本书通过对汉英语言实例进行分析,归纳出汉英语序的主导性规律。

此外，本书尝试运用民族学、社会学、建筑学、法学、管理学、近代物理学等多学科的成果佐证研究观点。

本书既是对已有理论的验证，也在现有理论的基础上进行了建构和提升，具有可行性。

第四节　研究意义

本书的研究意义主要体现在以下四个方面：

第一，采用"英汉时空性差异观"对汉语的象似性语序展开探讨，不仅为揭示汉语的语序特质提供了新的视角，而且从一个新的角度进一步检验"英汉时空性差异观"，有助于推进其理论建设。

第二，长期以来，学界对汉语语序从语法角度分析较多，而从语义角度分析较少。通过汉英汉语合成词的语素语序、铺排列举结构中的排列顺序以及描写性语篇的逻辑顺序的对比分析，将语序的形式与意义相结合探索汉语的语序规律，考察汉语语序的主导性原则，可以进一步拓展汉英语序研究。

第三，通过对汉语象似性语序规律的探讨，聚焦于汉语象似性语序的特征，有助于加强对汉语语序个性特征的认识，也有助于进一步深化与拓展汉英象似性语序规律的对比研究。学界研究对不同语言象似性语序规律的共性探讨较多，而对各种语言象似性语序规律的个性探讨较为缺乏。本书对汉语的空间顺序象似性语序规律进行探讨，探寻其与汉英时空性表征之间的关系，由此揭示汉语语序的共性与个性，并考究其产生的缘由。这不仅有益于推动学界对汉英语序规律的认识，还有益于汉英对比研究。

第四，本书的研究成果从语义层面指导汉英互译实践和对外汉语教学也具有一定的借鉴意义。

第五节 本书结构

本书共分为八章。

第一章为绪论。本章主要叙述研究的缘起与问题的提出，介绍研究的背景，明确提出研究目标，阐明研究意义。

第二章为研究综述。本章从汉语语序研究概况、汉语象似性研究概况和文化语言学研究概况三个方面对以往的研究进行综述。其中对汉语语序研究的概况分为句法语义角度的研究、语言类型学角度的研究和语用认知角度的研究三个方面，汉语象似性研究概况分为汉语象似性理论研究、汉语句法和语序象似性研究两个方面，文化语言学研究概况分别概述古代语言与文化关系、近现代文化语言学相关研究成果。

第三章介绍本书的理论基础，即"英汉时空性差异观"。

本章首先回顾该观点提出的背景，而后分别概述其在理论建设、研究角度和研究方法等方面取得的突破性进展，并分别总结其在词构、句构、章构等方面的研究成果，尤其突出近年来取得的新成果。在全面完整概述英汉时空性差异观的研究现状后，指出目前"英汉时空性差异观"仍处于理论建设过程中，仍需要更多的检验与完善，并指出其尚待解决的问题。

第四章集中介绍时间顺序原则的主要问题。本书认为，时间顺序原则的相关研究至少存在研究对象、个性与共性和适用性三方面的问题。针对每个问题，本书引用原文，深入分析，援引新的例证，基于语言的实际使用，摆事实，讲道理，指出时间顺序原则不足以作为汉语"一条总的句法限制"。

第五章提出汉语的空间顺序原则。本章通过理论阐述，辅以语言实例，提出将空间顺序象似性作为汉语的主导性语序规律，空间顺序原则是汉语的主导性语序原则，尝试概括出空间顺序原则"以尊为大、以老为大、以先为大、以主为大、以男为大、以大为大、以褒为大、以虚为大、以上为大、以出为大"的基本内涵，并附语例，探讨了一些看似是空间顺序原则的反例，实则不然的例子。在全面阐述汉语空间顺序原则的基础上，结合上一章的讨论，本章提出了时间顺序原则是汉语空间顺序原则的次要原则，并通过对文献的回顾和对相关概念的阐释，在汉语的空间性观点中有效解释了时间顺序原则，并尝试提出二者的理论关系。

第六章反映汉语空间顺序原则在各个层次并列结构中的广泛应用情况。本章从并列式合成词的语素顺序、名词铺排与列举结构中的排列顺序以及描写性语篇的逻辑顺序三个方面,从微观到宏观,用丰富的例证全面展现空间顺序原则在汉语中的广泛应用,把许多以往认为不相关的语序现象在一条主导性语序原则下呈现出来。在并列式合成词的语素顺序方面,从表达辩证思想、尊卑观念和中医概念的词语三方面给出例证并加以详细分析,而后给出名词铺排现象和列举结构的相关例证并辅以阐释说明,最后辅之以描写性语篇的逻辑顺序例证,从描写人物的语篇和描写事物和景物的语篇两个方面支撑本书观点。

第七章尝试探讨汉语空间顺序原则的文化理据。本章在文化语言学的视野下,将前文描述的语言现象和总结出来的语序规律上升到民族文化和民族思维的高度。本章先通过全面细致回顾萨丕尔的"语言—文化观",甄别语言与文化领域几对易混淆的概念,阐述文化对语言的多维影响,随后用翔实的解释来呈现汉语民族的时空隐喻偏好及其独特的时空观。本章最后将汉语民族的这种时空隐喻偏好和时空观点归于汉语民族的整体思维,引用古今中外学者的相关论述,结合对"道"这一核心概念的阐释,提出应重视对汉语民族的思维特质的总结,在对外交流中坚守自身,同时兼收并蓄,坚持并发展文化自信。

第八章是结语。本章概括本书的研究发现与创新之处,总结本书研究的局限与不足之处。

第二章 研究综述

本书将从汉语象似性的角度研究汉语的语序，本章综述汉语语序和汉语象似性以往的研究。其中对汉语语序研究的概况分为句法语义角度的研究、语言类型学角度的研究和语用认知角度的研究三个方面，汉语象似性研究概况分为汉语象似性理论研究、汉语句法和语序象似性研究两个方面。

第一节 汉语语序研究概况

参照盛文忠（2014）对汉语语序先行研究的回顾，我们可以依照从语法语义、语言类型学和语用认知等三个不同的角度出发，将汉语的语序研究划分为三个阶段。

一、句法语义角度的研究

19世纪末至20世纪70年代，汉语的语法研究尚处于传统语法研究阶段，语序问题并未得到学界足够重视，只散见于汉语语法专著的个别章节之中，未见专门研究和深入探讨。马建忠（1898，1983）和黎锦熙（1924，1933）以西方传统语法学作为框架，大体上以 SVO 框架来描写汉语语序特征，模仿印欧语的形态标记设置，未能顾及汉语缺乏形态标记的特质，以语义来确定语法身份，具有一定的主观性和随意性，因此很难探清汉语语序的真实规律。吕叔湘（1942—1944，1982）、王力（1943—1944，1985）等虽呈现出从传统语法向结构主义语法过渡的倾向，摆脱了一些印欧语的影响，但在语序方面，仍较多依照语义来区分主宾语，容易产生彼此明显矛盾的结论。

Chao（1948，2014）、丁声树等（1952—1953，1961）、Chao（1968）、朱德熙（1982）等用美国描写学派结构主义分析汉语语法，以位置而非语义来确定主宾语，提出了对于汉语语序全新的观念，并在 20 世纪 80 年代成为国内语法学界的主流。这种唯位置论免除了此前做法造成的明显矛盾和主观随意性，但也使汉语的"主语""宾语"等成为缺乏语义基础、语法属性和词类属性的空洞概念，因此难以据此总结出汉语语序的内在规律。此外，基于这一框架归纳汉语的语序特征由于缺少语际的对比基础（tertium comparationis），因而很难进行跨语言对比研究，在很大程度上丧失了语言之间的可比性。

此外，刘月华（1983）从语义角度对状语的语序进行了研究，马庆株（1995）从语义角度考察了多项定语的语序，金立鑫（1988）考察了成分的定位问题和状语的顺序，黄河

（1990）研究了常用副词共现时的次序，方梅（1993）考察了宾语与动量词语的次序问题，徐建华（1996）研究了多项多元性单音形容词定语的语序规则，张伯江（1997）探讨了性质形容词的范围和层次问题，张赪（2002）介绍了汉语介词词组词序的历史演变。

二、语言类型学角度的研究

20世纪70年代，海外汉语学界以Greenberg（1963）开创的类型学研究为背景，开始重新审视汉语语序。Tai（1973）、Li & Thompson（1973a，b，1975）、Tai（1976）认为汉语为SOV语言，而Light（1979）、Mei（1980）、桥本（1985）等则坚持认为汉语是SVO语言。在争论过程中，双方都注意到，汉语实际上兼具SVO和SOV语言的特点。刘丹青（2002）从语序类型学的角度研究了汉语的小句主要成分语序、介词类型、连词类型、属格定语、形容词定语以及关系分句、指示词等定语。刘丹青（2003）较为全面、系统地梳理分析了汉语的语序与介词理论，是我国第一本语言类型学专著。本书认为，由于语种内部的复杂性，将汉语划为某一类型，并依此推测它应该具有该类型其他特征的做法，是站不住脚的。以类型学框架探讨汉语语序的重要贡献在于发现了汉语不同结构间在语序上的相关性。

此外，王翠（2014）、盛文忠（2014）、席建国（2016）

等曾在语言类型学视角下分别对俄汉、汉日、英汉的语序做了对比考察研究。

三、语用认知角度的研究

自戴浩一（1988）提出时间顺序原则以来，越来越多的学者尝试从语用和认知的角度来理解汉语的语序。廖秋忠（1992）对汉语并列名词成分的顺序进行了充分分析，提出了多达11条语序原则，包括重要性原则、时间先后原则、认识程度原则、显著性原则、积极态度原则、立场原则、单向原则、同类原则、对应原则、礼貌原则、由简单到复杂原则，认为这些原则之间的相互关系可分为"和谐""无关系""冲突"三种，并认为不可能通过单一原则来解释并列成分的语序。廖秋忠的考察虽然比较全面彻底，但由于概括出的原则数量过多且缺乏内部一致性，相互之间作用的方式也尚不清晰，因此仅能作为汉语语序的一般描写，而并不能解释汉语语序的基本规律。

邵敬敏（1987）从语序的三个平面分析了定语的移位问题。刘宁生（1995）从认知的角度对汉语的偏正结构做了探讨，认为汉语的中心语和修饰语的认知基础是"目的物"和"参照物"，并由此认为汉语修饰语置于中心语之前的原因在于遵循了参照物置于目的物之前的语序原则。袁毓林（1999）探讨了定语顺序的认知解释及其理论蕴涵。袁毓林（2002）讨论了多项副词共现的语序原则及其认知解释。崔应贤等（2002）研究了现代汉语定语的语序。卢卫中（2002）探讨了词序的认知基础问题。史金生（2003a）探讨了语气副词的范围、类别和共现顺序问题。史金生（2003b）探讨了情状副词的类别和共现顺序问题。陆丙甫（2004）概括了汉语语序的总体特点并提出了其功能解释。陆丙甫（2005a）通过研究汉语的语序得出了一个具有跨语言普遍性的规律，即语言的优势语序（dominant order）主要与可别度（identifiability）相关，在其他一切条件相同的前提下，可别度高的成分在前，可别度低的成分在后。

整体与部分是一对重要的哲学范畴的概念。"整体—部分"关系在客观世界中普遍存在，也是人在认知过程中比较容易把握的一种关系。人类对于"整体—部分"关系的探讨起源于古希腊。在古希腊哲学中，关于这一对范畴的探讨与世界的本原问题紧密联系在一起。从古希腊罗马哲学到德国古典哲学，不同流派的哲学家在不同的哲学前提下都表述过对整体与部分关系范畴的认识和看法。近现代的学者对"整体—部分"关系展开了更为深入细致的研究。Cruse（1986）区分了"部分"（part）和"断片"（pieces）这两个概念，认为"整体—部分"关系涉及大量的复杂因素，很难用一个单一的、界定明确的概念来表达。Gerstl 和 Pribbenow（1996）根据"整体"到"部分"分割（partitioning）方式的不同，把"整体—部分"关系分为两大类：一是基于整体的构成结构进行分割；二是对整体的任意分割，或者是基于整体的内部特征或者外部标准来进行分割。Winston 等（2010）将"整体—部分"关系分成六大类，分别是：第一，构成成分—物体（component—object）；第二，成员—集合（member—collection）；第三，分割部分—块状体（portion—mass）；第四，材质—物体（stuff—object）；第五，特征—活动（feature—activity）；第六，地点—地区（place—area）。

近些年来，国内学者开始从"整体—部分"关系的语用认知角度探讨汉语的语序问题。刘宁生（1995）提出的"背景—目标"结构与"部分—整体"关系有着紧密的联系，这一观点得到了汉语篇章语料的有力支持，被认为是汉语语序的一个重要特点。董秀芳（2002）从双音化词的角度观察了汉语"整体—部分"优势顺序，认为古汉语中一些原本用来指称部分的单音节词，通过添加表示整体义的限定语素而发生了双音化。董秀芳（2009）研究了汉语"整体—部分"优势顺序在汉语句法结构中的体现，主要探讨了分裂式移位、主谓谓语句以及描写性名词谓语句三种典型的主题句结构。陆丙甫（2010）提出"整体—部分"优势顺序，由此引申出"整体受影响"的成分更易前置，进而推导出"多量—少量"的优势顺序。他认为这一顺序制约了人类语言语序，对人类语言结构具有深远的影响和普遍的意义，是当代语言类型学的重要语序共性之一。王军

19

（2012）选取了英语叙事语篇中的间接回指作为研究对象，从"整体—部分"概念的不同层面，用数据证明了英语间接回指关系中的"整体—部分"优势顺序。

从以上研究回顾中，我们可以看出，近年来的汉语语序研究大多只孤立研究句子成分在句子中的排列顺序，缺乏与语言中其他层面的排序现象结合参照进行研究。王宗炎（1985）认为此类研究"……不要求细大不捐，系统也不必十分严密"。这一说法表明，此类研究只求突出特征差异，忽略了系统的整体性和系统内部各要素的一致性。朱德熙（1985）曾明确指出，汉语句子的构造原则与词组的构造原则具有一致性，并认为这是汉语语法的本质特点之一。一种语言各个不同层面的顺序现象都应该能够体现这种语言的根本顺序规律，句子成分的排列顺序现象只是其一。此外，目前汉语的语序研究大多停留在对语序的表层现象和规律进行描写的层面，缺乏对其背后深层原因的探索和揭示，即只从语言形式的角度描述语义，较少涉及语言意义，更少涉及民族思维。

第二节　汉语象似性研究概况

关于语言本质的象似性和任意性的争论已久，最早可以追溯到西方的古希腊和古罗马时期以及中国先秦时期。20世纪初，索绪尔结构主义语言学的盛行让语言符号任意说成为语言学家的共识。然而，20世纪70年代末，美国符号学家皮尔斯提出的语言象似性说重新回到语言学家的视野之中。随着认知语言学的兴起，越来越多的学者开始关注人类的体验和认知在语言形成和发展过程之中所起到的重要作用（王寅，2009）。在Haiman（1985b）的专著 *Natural Syntax* 及其主编的 *Iconicity in Syntax* 出版以后，语言象似性成为语言学的研究热点，并深入到语言不同层次的结构之中，成为当今认知语言学的重要组成部分之一。

一、汉语象似性理论研究

如前文所述，我国的语言学研究自《马氏文通》起在理论上以借鉴西方传统语言学为主，对语言本质的认识与西方基本一致。许国璋（1988）率先质疑语言任意说，从语言哲学的角度指出，语言符号的能指与所指之间只存在"人为的联系"，并受到语言和社会双重机制的制约，应该积极寻找并解释语言表达背后的理据。许国璋的这篇文章揭开了我国研究语言象似性的序幕。李葆嘉（1986，1994a，1994b）的"语言符号的可论证性三论"先后发表，是我国语言学界首组剖析和批评索绪尔符号任意说的专论。季国清（1998）指出，索绪尔的任意说忽略了能指的作用，遮蔽了语言的本质，认为语言学必须摆脱任意性的制约，走出结构主义的误区。王寅（1999）通过对皮尔斯符号三分法的分析，首次提出将 iconicity 译为"象似性"，并给语言符号象似性做了初步定义，即"语言符号在音、形或结构上与其所指之间存在映照性相似的现象"。严辰松（2000）将语言的理据分为两大类，其中外部理据指语言符号具有象似性，符号的形式就来自其所模仿的外部事物，语言符号与所代表物之间具有"异质同构"的联系。赵彦春（2001）就王寅（1999）提出的关于象似性的定义进行了逻辑论证，证实了其解释力。王寅、李弘（2002）依据 Lakoff 和 Johnson 的观点，将基本哲学理论分为客观主义和非客观主义两大类，并指出二者分别是任意说和象似说的哲学基础，认为接受象似性并不意味着完全否定任意性，二者的关系是辩证统一的。王艾录（2003）着重谈论了单纯符号的理据性，赞同任意性与理据性辩证统一的关系。朱长河（2005）从认知语言学的象似说角度出发，赞同语言符号是象似性与任意性的辩证统一体。顾海峰（2006）论述了对索绪尔语言符号任意性的理解，对象似性的界定，以及任意性与象似性发挥作用的层面。张喆（2007）指出我国象似性研究的重点领域，即符号的本性特征问题、象似性的认识及具体表现问题、象似性理论的构建问题。

　　语言形式与其意义之间存在着密切的联系。语言是人类对现实世界认知加工成的一套极其复杂的符号系统，语言结构反映的是人们在对客观世界的知觉和认知的基础上所形成的概念结构，即语言结构与人类的经验结构之间存在一种必然联系，语言并不是任意的,而是有理据的,语言的能指与所指之间,也即语言的形式与内容之间存在着一种必然联系,二者之间的关系是可以论证的,也是有理据的。同时,语言总是为了满足人类与客观世界和他人思维交往的需求而存在,所以语言总能够反映出客观世界的某些特征,语言与现实之间有着相当紧密的联系,二者的关系绝不是任意的。

二、汉语句法和语序象似性研究

此前,汉语的象似性语序研究主要讨论基于汉语表层结构之下的组织原则,即汉语语序排列的指导原则。汉语象似性语序研究的一个基本认识是,汉语句子的组织原则不同于印欧语。印欧语的句子成分是安排句法逻辑关系组织起来的,而汉语的句子成分则是按照概念原则以及功能原则排列起来的。

这些组织原则是按照中国人概念结构和交际功能观点演变和发展的,是象似性原则,建立在人们对物质世界的时间和空间的感知基础之上,或源于人们的交际意图。这些原则可以把许多表面上看起来并无关联的语序模式归纳为类别,而不必把注意力放在一些分散的句式上。汉语的象似性语序研究的目的在于考察控制和制约构成合乎语法的句子的总原则以及一些特殊句式的产生动机。

沈家煊(1993)对国外的句法象似性方面的研究做了较为全面的总结和介绍,探讨了象似性原则与其他原则之间的关系、象似性的认知基础、汉语句法象似性等问题，并指出研究句法象似性应注重从认知角度探索句法规则约定俗成或"语法化"的规律。严辰松（1997）介绍了四类语言结构形式临摹显示世界的概念和关系的现象，即疏离、对称、不可预测性和思维的顺序，并通过探讨语言符号象似性的理论表明，语言结构在某种程度上反映了人们经验的世界结构和认知方式。文旭（2000）探讨了句法结构和形态结构中的距离象似性，进一步指出象似性和任意性都是人类语言的客观属性，语言不只是任意的。文旭（2001）讨论了支配次序的四条象似性原则，即图像序列原则、与说话人接近原则、临近拟象原则和文化规约拟象原则，并对英语的"right and left"和汉语的"左右"做了对比研究。这是我国学者首次揭示词序象似性。秦洪武（2001）从四个方面论述了顺序象似性在语言结构中的体现，并据此深入探讨了语言表达的一般规律，认为语言结构反映了人类对自然与社会发展过程的认知方式。康健（2015）在论及处所（location）概念的表达时，曾进一步阐明了汉语的"整体先于部分"概念原则，认为"合成方位词作为名词，可以放在表示物体和地点的普通名词后，用来表示参照物。普通名词 NP1 和合成方位名词 NP2 的排列顺序由'整体先于部分'的概念原则所控制，所以表示物体的普通名词放在方位词前，公式是'NP1+NP2'"，研究还进一步指出这条原则在表示地点名词、时间、百分数、分数等单位的线性序列上也起作用。

第三节　文化语言学研究概况

语言与文化之间的关系十分密切。语言可以记录和反映文化的风貌，文化可以规约和引导语言的发展。汉语研究历来具有结合文化进行研究的传统。随着社会的加速发展和人们思想的日益活跃，语言与文化愈发交融，呈现出更多的样貌。"文化语言学"这一术语是陈建民于1985年首次提出的。与西方的人类语言学相比，我国的文化语言学研究对象更为宽泛，包含所有的语言和文化现象，并运用实地考察、对比对照、整合分析等多种方法开展研究。文化语言学具有重要的文化功用，在加深社会理解、促进文化思考、启示人类未来方面都能够发挥重要的研究价值。

一、古代关于语言与文化关系的研究

早在春秋战国时期，对于语言与文化的关系研究已见于诸子百家争鸣的著作当中，其中《论语》《墨子》《荀子》《尔雅》等著作最为显著，并在两汉至明中叶以儒学为正宗的时期得以发展。明末至清中叶，封建文化开始受到冲击，语言与文化的关系研究呈现出承前启后的态势，在鸦片战争时期也反映出当时的时代特征。

二、近现代文化语言学研究

新文化运动是一次影响深远的语言工程。其后，由赵元任、丁声树等组织了多次方言调查，揭示了方言与地方文化之间的密切联系。郭沫若等通过联系社会发展史，研究古文字而进行的上古中国社会研究，取得了丰硕的研究成果。

罗常培（1950，2011）的《语言与文化》比较全面系统地阐发了语言与文化的关系，可视为文化语言学的开山之作。邢福义（1990，2019）的《文化语言学》首次构建了一个比较完整的文化语言学理论体系，指出"语言是文化的符号，文化是语言的管轨"（邢福义，1990，2019），并给文学语言学下了明确的学科定义。申小龙（1990b）的《中国文化语言学》则围绕汉语的文化哲学问题，探讨汉语的"人文性"和语言的文化功能，指出只有从文化的角度出发才能把握汉语的本质特征和规律。

文化语言学发展至今，研究范围涉及语音、词汇和词义、专名、语法、方言和民俗、文字、语言接触和融合、交际与教学等语言学各方面，研究取得了长足的进步，形成了独特的研究视角和相当的研究规模，但也由于学者的文化观、语言观的差异，形成了不同的流派。对此，戴昭铭（1996）有一段中肯之语。

关系论派只有吸收本体论派的长处，善于从汉语本体中提取出具有高度概括力和较强解释力的范畴体系，用以描述和解释汉语的结构规律，才能保持持久的理论活力，形成系统的学科规模，造成可观的学术成就。不然，单纯在语言和文化之间寻找对应现象，既难以避免琐屑饾饤的毛病，积久还可能因找不出新东西而导致学科的萎缩。本体论派只有学习关系论派审慎严谨的态度和作风，不作大而无当过犹不及的理论批判，力戒粗疏武断令人费解的表述，不断使自己的理论精细化严密化，并在语言微观层次方面的研究上多下些扎实的功夫，才能避免空疏玄谈之讥议，获得更为广泛的理解和承认。也许，两派汇成一体之日，就是中国文化语言学建设完全成功之时。

本章综述了汉语语序、汉语象似性和文化语言学三个方面以往研究所取得的成果。在汉语语序研究方面，以往研究从句法语义、语言类型学和语用认知三个角度展开，近年来发生了明显的语用认知层面转向。在汉语的象似性研究方面，前人在汉语象似性理论研究和汉语句法和语序象似性研究两个方面都取得了很好的研究成果，为本书提供了支撑和借鉴。在文化语言学研究方面，古代关于语言与文化关系的研究、近现代文化语言学研究均取得了一定的研究成果。

第三章　英汉时空性差异观

本章述介本书所建基的"英汉时空性差异观",首先介绍"英汉时空性差异观"的概念内容,然后从理论建构、研究角度和研究方法三个方面分别对"英汉时空性差异观"进行全面梳理,并专门突出介绍近年来取得的新成果。

长期以来,英汉语言对比分析的结果表明,汉语与英语存在意合与形合、分析与综合、人称与物称、具体与抽象、主动与被动、直接与间接、动态与静态、柔性与刚性、重复与替换、简短与繁复等方面的区别,在思维方式上,中西方也呈现出归纳性与演绎性、直觉性与逻辑性、意象性与实证性、伦理性与认知性、整体性与分析性、模糊性与准确性、意向性与对象性、求同性与求异性、内向性与外向性、后馈性与前瞻性等方面的差异(连淑能,2010)。王文斌(2013a,2013b,2019)则认为,英汉之间这些差异并非两种语言的本质性差异,而仅是彼此之间差异的各种表象,其根本性差异在于"汉语具有强空间性特质,英语具有强时间性特质"。"英汉时空性差异观"聚焦英汉语言之间的差异以及英汉民族思维的差异,把汉英语言不同的表征作为切入点，寻觅隐匿在语言背后的民族文化与民族思维层面的深层缘由。

第一节　英汉时空性差异观的研究进展

王文斌（2019）对"英汉时空性差异观"做出归纳，认为汉语的强空间性特质即汉语具有立体结构，以块状性和离散性为具体表现；英语的强时间性特质即英语具有线序结构，以勾连性和延续性为具体表现。"英汉时空性差异观"在创立之初就指出，时间与空间是人类认知世界的两个基本概念，其规定性在不同语言事实中均有发现，具有普遍性，汉语与英语的语言性质中也必然都包含着一定的空间性与时间性，"英汉时空性差异观"所强调的时空性差异只是主导性的倾向，并不是绝对性的、排他性的。汉语民族偏好空间性思维，语言呈现出强空间性特质；而英语民族偏好时间性思维，语言呈现出强时间性特质（王文斌，2019）。自提出以来，"英汉时空性差异观"针对汉英语言的本质特征，从语言的不同角度，运用多种研究方法，开展了一系列深入的研究探索，取得了丰硕的成果。赵轶哲（2021）从理论建构、研究切入点与研究方法三个方面对近年来"英汉时空差异观"的研究成果做了详述。本书参照这一分类方法，从理论建构、研究方法和研究角度三个方面分别综述，并着重补充介绍 2019 年以来英汉时空性差异观在理论建设、研究方法、研究角度方面取得的最新进展。

一、理论建设方面

在理论建设方面，"英汉时空性差异观"具有较高的创造性和独立性。就话题本身而言，"英汉时空性差异观"既无成熟的系列文献可供参考，又无相关的学术流派可供依靠（王文斌，2019）。"英汉时空性差异观"把语言与思维之间的关系作为理论的立足点，从汉英民族语言基因出发审视汉英语言的本质性差异。"英汉时空性差异观"理论建构主要来源于中国传统哲学与西方哲学、符号学、文字学等，在理论建构的过程中特别注意摆脱印欧语法的束缚，聚焦于汉英语言的事实，探究汉英语言形成差异的根源。当然，"英汉时空性差异观"也是在诸多学者语言理念的影响下形成的。在语言与思维层面，Humboldt（1999）提出"内蕴语言形式"（inner linguistic form）观，强调语言与民族思维二者之间具有通约关系（王文斌，2013b）。实际上，语言与民族思维之间的这种通约关系正是"英汉时空性差异观"希图考察的重要内容。语言间的差异源于民族世界观的差异，在这一理念之下，通过对汉英语言时空性差异的探讨，便可以揭示出汉英民族各自特有的思维范式。在对比研究层面，吕叔湘（1990）曾指出，一种事物的特点要与其他事物对比才能更好地凸显出来，人类直立行走、制造工具、使用语言等特点，都是与其他动物对比之后得出来的结果。"英汉时空性差异观"尤其关注"汉有英无"和"英有汉无"的语言现象，在汉英对比中揭示汉英语言之间的差异，由此也可以反哺汉语语法研究，并应用于汉语教学。吕叔湘（引自王菊泉，郑立信，2004）也指出，指明事物的异同所在并不难，而难在追究它们何以出现异同，这恰是开展对比研究的最终目的。"英汉时空性差异观"着眼于汉英民族不同思维模式，从汉英语言的表象差异出发，深入探究造成其差异的深层根源。需要指出的是，"英汉时空性差异观"中的"空间"与"时间"概念，与传统物理学中的"空间"与"时间"概念不同，也与认知语言学视角下的"空间"和"时间"有所差异，其本质是对汉英语言各种不同表征现象的总结，是对汉英民族不同思维模式的归纳（王文斌，2019）。此外，"英汉时空性差异观"也与近年来沈家煊（2006，2007，2009a，2009b，2011，2012，2016，2017a，2017b，2019a，2019b，2020a，2020b，2021等）所提出并探讨的"名动包含"说不谋而合，汉语的"大名词观"集中体现了其注重名词的特征，而注重名词的本质就是重空间、重名物。

此外，祝丽丽、王文斌（2021）在讨论沃尔夫的语言相对性原则时，认为沃尔夫的语言观既不是目前学界所认为的"语言相对论假说"，也不是"语言相对论原则"，而是"语言相对性原则"，这一原则集中体现了沃尔夫的语言观。该原则的提出主要来源于以下三个方面：一是爱因斯坦提出的物理相对论；二是人类语言学的蓬勃发展进程；三是沃尔夫本人的学术背景。语言相对性原则的观点主要有四：自然（世界）由语言通过规约建构；如果语言不同，对自然的切分和组织方式也不尽相同；不同的语言反映了不同的世界观，但语言本身并无优劣之分；语言影响思维，思维是不同于语言的问题。语言相对性原则对比较语言学、语言政策、外语研究与教学等都有着比较深刻的理论指导价值和意义。该文通过回归文本，正本清源，还原了沃尔夫思想的精髓，并纠正了将其二分为语言相对论和语言决定论的错误。

二、研究方法方面

在研究方法方面，"英汉时空性差异观"采用了对比语言学的研究方法，对汉语语言现象或英语语言现象本身的探讨也都是在英汉时空性差异观的对比视野下开展的，行文和语例往往采用英汉对比的方法。总体而言，目前开展的"英汉时空性差异观"的研究，以思辨性研究居多，从诸多学科和语言学派中不断发现支撑该假说的证据，并立足于对于语言事实的分析，揭示语言现象背后的深层根由。

随着"英汉时空性差异观"的不断发展，也开始有一些实证分析研究出现，赵朝永、王文斌（2017）、王文斌、张媛（2019）、王文斌、祝丽丽（2020）、王文斌、李雯雯（2021a，

2021b，2021c）等使用了基于语料库的研究方法，对时体、否定表征、时间状语从句等现象进行考察。其中，王文斌、张媛（2019）探讨了主观化视角下的"有"义及其用法。"有"的不同语义及其用法长期受到语言学界关注，但对它的阐释却一直未有统一的模式。该文着眼于"有"的概念本质，以语言的主观化为视角，基于认知语法的主观性识解理论，提出四个观点：一是"领有"义以"存在"义为基础，是语言的主观化过程；二是"有"的反义词"无""没"用法表明，二者虽有概念重合，但"无"倾向于否定"存在"，而"没"则倾向于否定"领有"；三是"无"与"没"的概念重合很有可能证明了"存在"与"领有"的概念重合；四是"存在""领有"义因识解的主观性程度不同而形成连续体模式，"有"的用法皆可统一于该模式得到阐释。王文斌、陶衍（2019b）针对英语时间性思维特质影响其语言加工做了实证研究，指出一个民族的语言与其思维方式的关联非常紧密。该文借助实证方法检验了英汉时空性思维特质在回指手段上的体现，着重考察英语时间性在回指形式上的两种表现，采用接受度判断任务实验范式，首先通过对比英语与汉语母语者对零形回指和非零形回指的倾向，揭示了英汉语时空性思维差异对其母语者回指形式倾向性的影响。该文提出，动词一致性是时间性回指的重要手段之一，并检验了动词一致性在英语时间性中的核心地位是否在加工层面有所体现，发现英语母语者对动词一致性偏误更为敏感，结论主要有二：一是英汉语的不同时空性思维方式会导致其母语者在回指形式上表现出不同倾向；二是英语中的动词一致性在本质上就是一种回指手段，也是其时间性特质的核心体现。王文斌、李雯雯（2021a）以英汉时空性差异为视角考察了中国高阶英语习得中时间状语从句与一般过去时的关系。研究主要有三个发现：中国高阶英语习得中的时间状语从句语序分布呈现前置倾向，偏离英语目标语优势语序规律，明显出现"一语思维，二语说话"现象；时间状语从句总体上有助于高阶英语学习者习得一般过去时，但学习者仍然经常出现偏误；含时间状语从句的复合句中一般过去时的偏误类型主要有四类。研究提出，学习者的时间状语从句语序分布和一般过去时偏误是英汉语言结构差异和概念结构差异共同作用的结果，其根源在于英语民族强时间性和汉语民族强空间性的思维模式差异。王文斌、李雯雯（2021b）以英汉时空性差异为视角考察了中国高阶英语习得中时间状语从句语序分布与一般过去时之间的关系。研究发现：学习者英语时间状语从句语序分布呈现明显前置倾向，偏离英语目标语优势语序规律，其主要原因在于学习者受制于概念化迁移，习惯于使用汉语的概念加工方式加工英语的概念结构；学习者时间状语从句语序分布与对主从句一般过去时的习得之间存在着紧密关联；学习者对一般过去时的习得同样受制于英汉概念系统和概念化模式的差异，其偏误原因在于学习者常常用汉语的概念系统和概念化模式支配英语的形式表征。该文认为，学习者时间状语从句语序分布和一般过去时偏误的根源在于汉语强空间性和英语强时间性的思维模式差异。王文斌、李雯雯（2021c）以英汉时空性差异为视角考察了中国高阶英语习得中时间状语与一般过去时的关系。研究发现主要有三：英语以时间状语后置为优势语序，汉语以时间状语前置为优势语序，中国高阶英语习得中的时间状语语序分布呈现明显前置倾向，偏离英语目标语语序规律；高阶英语习得中的一般过去时表达已进入形态标记阶段，但常误用为一般现在时；时间状语总体上有助于高阶英语学习者习得一般过去时。该文认为，学习者的时间状语语序分布和一般过去时偏误是英汉形式结构差异和认知概念差异共同作用的结果，其根源在于英语强时间性思维和汉语强空间性思维的思维模式差异使然。

近年来，也有学者开始采用实验的方法对中国英语学习者时体偏误、英汉时空性思维特质在回指手段上的体现等问题进行教学实验研究，或采用心理学实验的方法对其进行验证。其中，赵朝永、王文斌（2020a）以英汉时空性特质差异为视角考察了基于时体对比方法的教学效果，指出英语"时"和"体"兼具，而汉语无"时"有"体"，这一差异是英汉语时空特质差异在句法层面的主要表现之一，并由此造成汉语母语者对英语时体习得的困难。该文基于英汉语时空性特质差异的系列观点，以某高校非英语专业的大三学生为研究对象，采用英汉时体对比方法进行英语时体教学，考察其与普通英语教学方法所带来的不同效果。结果显示，时体对比分析是一种理想的英语时体教学方法及学习策略，提升对英汉时空特质差异的认识能有效促进我国非英语专业学生的英语时体习得效果，对我国英语教学理念和方法的革新均具有参考价值。王文斌、陶衍（2020）以对回指形式和一致性的习得为例对英汉时空性思维差异对中阶英语学习者的影响做了实证研究，该文聚焦回指形式和一致性的习得，通过接受度判断实验，对比考察以汉语为母语的中阶英语学习者与英语母语者的表现。研究发现，这些学习者对零形与非零形区分和一致性错误的敏感度均显著低于英语母语者，其原因在于这些学习者的中介语仍受汉语强空间性思维的影响，尚未完全掌握英语的强时间性思维。该文提出，英汉时空性思维差异对二语习得具有重要影响，并造成以汉语为母语的中阶学习者在英语习得过程中的困难。王丹、张积家（2021）通过三个实验，探查了英汉语言的时空特性与民族思维偏好。通过词汇判断任务考察英汉名词短语所体现的空间（形状和体积）特性差异；通过对英汉句子所含时间信息的判断考察英汉语言的时间特性差异；通过看图说话任务引发被试的时空思维，再考察其语言中体现的时空思维。结果发现，英语表达具有更强的时间特性，汉语表达具有更强的空间特性；英民族具有更强的时间思维偏好，汉民族具有更强的空间思维偏好；英汉两个民族在语言的时空特性以及民族时空思维偏好上的差异与英汉两个民族的语言起源、哲学及思维方式密切相关。该研究实验设计精当，创新性地使用实证方法探究了英汉语言不同的时空特性及民族时空思维偏好，为英汉语言和民族思维特点的对比研究提供了有效证据。

三、研究角度方面

在研究角度方面，"英汉时空性差异观"开展了大量的汉语与英语本体研究，从字、词、句、篇等语言不同层面入手，探讨两种语言呈现的时空性特质，通过这些论述不断地验证汉语的强空间性与英语的强时间性，形成了一套比较完整的证据链条。下面对其在汉字表征、词构、成语、句构、篇章等方面的研究进行梳理。

在汉字表征方面，从文字发生学的角度看，汉语会意字的构造与汉语表征方式的意合特征呈现了惊人的相似，其拼接方式均遵循块状、离散的特点，具有强空间性（王文斌，柳鑫淼，2020）。李健、王文斌（2020）在英汉时空性差异观下探讨了汉字表征的象和意，认为语言反映了使用者的思维模式，不同民族的语言必然带有其思维烙印，能反映特定民族的思维方式。该文立足于英汉的时空性思维差异，认为汉语的空间性思维特质来源于中国传统哲学中的象意思维，正是根植于汉民族的象意思维使汉字在表征上表现出强烈的象意化特征。基于此，该文首先通过"象"的分类明晰"象"的特征以及在

"象"的基础上所形成的"意"的特征，进而通过对以六书为主的汉字构形方式进行分析，发现汉民族的象意思维渗透于汉字的各书构形，且二者层层递进、生生不息。因此，该文认为，汉民族原初的象意思维使汉语偏重于空间思维，这使得汉字在构形上具有明显的象意化特征。

在词构方面，"英汉时空性差异观"认为语言与文字之间存在一种优选关系，即文字必须适配语言，而语言也会促使文字发展（何清强，王文斌，2015）。从汉语词构、句构、篇构相统一的观点来看，汉字结构中呈现的这种制约与句法层面上句法成分呈现的块状性和离散性具有通约性。反观英语，其单词则保持字母或语素间的一维线序制约，这与英语民族的时间性思维是一致的（王文斌，于善志，2016）。王文斌、宋聚磊（2020）在象似性视野下对英汉名词的重叠现象做了对比研究，指出重叠广泛存在于英语和汉语。该文以语言象似性为参照，采取定量与定性相结合的方法对比英汉名词重叠典型成员。英语往往表现为部分重叠或辅元音变换，而汉语则往往表现为完全重叠或同语素叠加。该文通过对语形和语义的分析，探寻隐匿于差异现象背后的深层动因。结果发现，英语名词重叠的象似性主要体现于形式变化和语义度量的正相关，具有喻象象似性倾向，强调动作和状态的变化和增强，展现了其运动、改变和发展的时间性特点，反映于思维层面就是英语的强时间性；而汉语名词重叠的象似性则主要体现于形式复现和语义物量的正相关，具有映象象似性倾向，强调空间和范围的延展和扩大，彰显了其块状、离散和可逆的空间性特点，反映于思维层面就是汉语的强空间性。王文斌、刘庚（2020，2021）还从词源角度，运用量化研究，通过数据支撑，进一步描写了英汉构词与构字的不同特征，发现英语构词以动性词根为主，动性词根和词缀、词尾以线性方式相连，呈现明显的一维线序特征；而汉语构字则以名性部件为根基，依赖的主要是块状和离散的并置或叠置。上述研究主要围绕语言与文字的通约关系展开，剖析汉英字词构造并对其语源进行追溯，充分描写并解释汉语字词呈现的块状、离散的强空间性特征和英语词汇呈现的勾连、延续的强时间性特征，揭示汉英构词与构句的时空性通约关系。近来，王佳敏、王文斌（2021）从跨语言视角，定量探究汉英时间词的空间化特质及其语言蕴含共性，并试图探析其衍生缘由。语料分析表明，汉英时间词内部均有空间化等级性，并且偏好空间方位时间词；汉语时间词的空间化程度高于英语，前者空间化类型较之后者更为活跃；汉英时间词遵循如下蕴含共性：时间词空间化→空间方位时间词。这些发现能昭示汉英时间词的空间化程度和类型异同，揭示时间词空间化与空间方位时间词的内在关联，并能阐释时空映射和汉英时空性思维特质差异对时间词空间化的交互影响，具有一定的理论和现实意义。王文斌、王佳敏（2021）以方位时间词为例，对汉英日时间表达的空间隐喻系统做了三语对比研究，指出语言中的时域表征一直是学界研究的热点之一，但其语际定量比较却不够充分，对"现在"时域的关注尤显薄弱。该文基于学界的前期研究成果，定量探究汉英日三语方位时间词的时域表征异同，重点关注"现在"时域，并力图对其衍生理据进行综合阐释。研究发现主要有三：汉英日的方位时间指称词与方位时间拓展词基本同质，三者的方位时间指称词与方位时间拓展词均倾向于以"前/后"表征时间，并偏重"前表过去，后表未来"；三者的方位时间指称词均可表征"现在"，但空间方位"上/下"较之"前/后"易表"现在"，其中汉日均偏好"下表现在"，而英语偏爱"上表现在"；三者的"前/后"时间表征存在"英语>日语>汉语"的制约性层级，层级越高，水平时间认知越强。汉英日的时域表征异同缘于对"前后图式"和"上下图式"认知模型的不同选择及其交互影响。

在成语方面，赵轶哲、王文斌（2020）基于偶对式成语非均质性及其英译进一步研究了汉语的强空间性特质，指出偶对式四字格成语是汉语成语中的重要现象，目前学界对其本质特征尚缺乏足够的关注。该文探讨其内部结构，并分析其英译文，力图揭示其本质特征及其产生的根源。研究发现主要有二：偶对式四字格成语内部成语的属性具有非均质性，可分为词组式成语、单句式成语、复句式成语三类；偶对式四字格成语是"汉有英无"的语言现象，这与汉民族的强空间性思维密不可分，在语言表征上无需任何关联词或语法标记，仅凭前后部分块状对称拼接便可理通意合，造就出词组及复杂的语法单位。透过偶对式四字格成语审视汉语的强空间性特质，不仅可以深化对汉语本质特性的认识，而且还能促进对汉英互译的进一步思考。王文斌、赵轶哲（2021）以英汉时空性差异观为视角，研究了超常规四字格成语与汉语强空间性表征的同质性，指出超常规四字格成语超越了四字格成语的常规组构类型，简约而不简单。该文对四字格成语语法超常规组构现象进行分类探讨，并揭示其与汉语强空间性表征之间的关系。主要发现有三：超常规四字格成语内部组构关系复杂，可大致分为异指、潜隐、缩合三类；超常规四字格成语形式与内容之间构成张力，但其内生性可以消解张力，而张力与内生的深层根源在于汉语的强空间性特质；超常规四字格成语与汉语强空间性表征具有同质关系，是汉民族强空间化思维的典型表现，同时也昭显了汉语的独特性。

在句构方面，"英汉时空性差异观"聚焦于汉语所特有的独语句、流水句等语言现象，从汉语的真实面貌出发，探寻汉语的本质性规律，并从语言与思维的高度追溯造成汉英语言差异的深层缘由。关于流水句，"英汉时空性差异观"认为，汉语流水句呈现出强空间性特征，其主要表现为块状性、离散性与可逆性（王文斌，赵朝永，2016，2017b；崔靓，2017；王文斌，2019等），具体而言，块状性指的是流水句中各句段呈板块状分布，以流块铺排成句；离散性指的是流水句中常常短语式和小句式句段共现，句段间虽有语义关联，却没有外在的关联词将它们连接在一起，主语或隐或显，跨句段指认频繁出现，在形式上呈现明显的松散性；可逆性则指的是流水句中句段间的顺序常可相互调换，而调换后通常并不会影响整体表达的语义。王文斌、赵朝永（2016）从汉语强空间性在流水句中的表征出发，"英汉时空性差异观"以块状性、离散性和可逆性三大特征作为观察视角，从这三个角度分别对汉语流水句的结构特性开展了深入的剖析。崔靓、王文斌（2019b）从英汉时空性差异观的视角对汉语流水句做了再分类，指出流水句作为独具汉语特色的一类典型句式，其分类研究较其概念界定和特征描写尤显薄弱，认为这固然与流水句自身的复杂性和特殊性有关，但完全依照印欧语的眼光研判流水句，应是该问题的症结所在。该文立足汉语流水句的实际情况，认为句中隐含主语的指认或许是辨清各句段彼此关系的关键，并以此重新考量流水句的类型划分，将其主要分为同指流水句和异指流水句两种基本结构类型。赵朝永、王文斌（2020b）通过对汉语流水句与英语复杂句的对比进一步发现，二者在主谓结构、句构成分属性、句构成分关系以及衔接方式等方面，均存在较为明显的差异。研究认为，汉英语言句法特征的差异的实质是汉英语言本质性差异在句构上的外在表现，其背后的根源还在于汉英民族的时空性思维偏好。关于独语句，王文斌（2018）指出，汉语独语句以名词或名词短语构成，按"意象、视像依次流散性布铺"排列,呈现"散连式骈列布排",体现为块状性和离散性两个较为明显的强空间性特征。此外,研究还对汉语中丰富的独语句的存在原因进行了阐释,认为这与汉语重空间、重名词的思维特征有密切联系。"英汉时空性差异观"在句构方面的探讨从汉语流水句和独语句这两个独有的语言现象出发,考察空间性的外在表征,将汉语的句构特征归纳为块状性和离散性,通过与英译文的参照对比,进一步揭示汉英语言的本质差异。此外,祝丽丽、王文斌(2019)采用汉语具有空间性特质这一视角,探讨"在"的意义演变及其词类属性问题,并利用语料库方法,分析现代汉语中"在"的共现。研究发现主要有三:无论其在句中的位置如何,"在"都可看作动词;"在+V(+NP)"结构中的V虽是表示行为动作的动词,但具有空间性;"在"的用法演变反映了中国人的空间性思维,由此能进一步佐证汉语的空间性特质。

在篇章方面,"英汉时空性差异观"也有所建树。王文斌、何清强(2016,2017)通过对汉英篇章的实例分析,发现汉英语篇在回指、话题链、关联词等诸多方面均存在个性差异。研究发现汉语篇章的构造单位,即"小句",不仅结构类型多样,而且小句间很少使用衔接手段,在形式上呈现一种离散松脱的铺排状态,具有块状性和离散性。而英语的篇章构造则与汉语不同,其基本的构造是由整句构成的,句子间通过形式上的衔接手段进行紧密的勾连,连续且通畅,具有勾连性和连续性

（王文斌，何清强，2016）。汉语篇章结构具有较明显的块状性和离散性，而英语篇章结构具有较明显的勾连性和连续性，这反映了汉语篇章结构的强空间性特质和英语篇章结构的强时间性特质（王文斌，何清强，2017）。对汉英篇章时空性的探讨，与对流水句的研究路径类似，通过对汉英篇章的强空间性与强时间性特征的翔实描写与归纳总结，揭示汉英的时空性特质差异。需要指出的是，"块状性、离散性"与"勾连性、连续性"之间并非二元对立、相互排斥的关系，而只是程度上的差异，特性是对于汉英对比而言的，是在汉英对比中对汉英语言不同偏好考察的结果。

此外，"英汉时空性差异观"还对诸多其他语言现象做过研究，例如离合词、词类、否定表征、符号与修辞、重叠词等。总体而言，这些研究都是从汉英语言事实出发，锚定对汉语强空间性特质与英语强时间性特质在外在形式上的表征，从而揭示汉英语言的本质性差异。对语言表征的探讨围绕汉语的"块状性、离散性"与英语的"勾连性、延续性"展开，阐释了语言现象本身，也实现了建构并验证"英汉时空性差异观"的目标。

"英汉时空性差异观"力图抛开印欧语的眼光来独立审视汉英语言的特性，尤其注重前人忽视或关注不够的汉语独有的语言现象。研究表明，汉语的文字与语言具有通约关系，汉语的词、短语、句子、篇章等不同层面也在语言表征上一脉相承，整体上全面彰显了鲜明的强空间性特质。正如本书开篇所提到的，相对于形态丰富的语言来说，研究汉语需要在语序方面下更多的笔墨。从语言类型学的视角看，汉语的语序不易归类，基本语序不容易确定。汉语的语序具有有别于其他语言的特性。可以说，如果一个语言学理论能够对汉语的语序做出解释，在一定程度上能够说明该理论的进步性。对于"英汉时空性差异观"而言亦是如此，如果能够对汉语语序的个性做出解释，也可以进一步说明这一假说的合理性与包容性。目前从"英汉时空性差异观"对汉语语序的探究仍然处于起步阶段（艾瑞，2021a；王佳敏，2021），有待更加系统性的研究。可以说，汉语语序研究是证明"汉语具有强空间性特质，而英语具有强时间性特质"这一假说的重要环节，在检验假说的同时，对构建一个完善的"英汉时空性差异观"体系不可或缺。

第二节　英汉时空性差异观尚待解决的问题

英汉时空性差异观虽是在对比语言学的范畴内提出的，但对比的层面不只局限于语言，更涉及民族文化和民族思维层面。自2007年萌生至今，英汉时空性差异观的相关研究不断深入，研究领域不断拓展，既提升了英汉语差异的纵深维度，又加大了英汉语差异的横向维度，为探究英汉语的本质性差异做出了重要贡献。

至今，英汉时空性差异观对英汉语的语言本质、词构、句构和篇构都做了探究，取得了不少成绩，基本能够验证"英语具有强时间性特质，汉语具有强空间性特质"的观点，然而，由于英汉时空性差异观"面对的是一个前人和时贤鲜少涉及的研究论题，所以在诸多方面都需要从头开始"（王文斌，2019），尚有一些问题值得进一步思考。王文斌（2019）在其专著的"后记"中列数了17个方面的问题，其中部分已经得到解决，部分正在努力尝试解决，也有一部分尚待探究。本书的探索，正是基于其提到的第三个问题，即"对于戴浩一（1988）提出汉语的'时间顺序原则'，在本书所提出的汉语空间性观点中这一原则该怎样得到有效的解释"（王文斌，2019）所做出的尝试和思考。

我们注意到，英汉时空性差异观最初描述英语的时间性特征的主要表现为"勾连性、延续性和不可逆性"，而汉语的空间性特征的主要表现为"块状性、离散性和可逆性"，而随着研究的推进，上述主要表现中的"不可逆性和可逆性"观点已较少被提及。这一方面是由于"英汉的这些具体特征具有因果关系，而非纯粹的并列关系"（王文斌，2019），"（英语的）不可逆性是勾连性和延续性特征的结果……（汉语的）可逆性在通常情况下派生于块状性和离散性"（王文斌，2019）。另一方面，由于我们在研究中观察到一些英语可逆性和汉语不可逆性的例子，其中以汉语各个语言层面中各个结构中的规约性语序顺序最为明显。这也是本书需要探究并解决的重要问题，即汉语在违背"可逆性"时，其规约性语序呈现哪些特征，以及如何描述并解释这些特征。

本书认为，从"整体—部分"关系上看，人类虽生活在同一时空中，但在使用语言表达各种空间关系时，人们并不总是遵循"整体"在前"部分"在后的顺序，而是拥有不同的空间认知体验。总体来看，汉语"整体—部分"优势顺序具有普遍性，而英语"部分—整体"优势顺序具有普遍性。汉语的语序遵守概念领域里事物的空间顺序，不论在时间上还是空间上，大范围成分总是先于小范围成分，如"上个月的一天""二十世纪头三十年""树上的鸟""湖中的凉亭"。英语的语序遵守概念领域里状态的时间顺序，不论在时间上还是空间上，小范围成分总是先于大范围成分，如：one day last month、the first thirty years of the twentieth century、a bird in a tree a pavilion on a lake 等。英语民族的时间思维偏好和汉民族的空间思维取向造成了这一差异，这从另一视角证明了汉语的空间性特质和英语的时间性特质。

本章重点探讨了本书所建基的"英汉时空性差异观"，对其相关研究从理论建构、研究切入点与研究方法进行梳理。通过对理论建构的探讨，强调了目前"英汉时空性差异观"仍处

47

于理论建设过程中,仍需要通过诸多语言现象的分析来对其进行检验与完善。通过对研究切入点考察,明确目前已有的研究话题,并指出本书所探讨的汉语的空间顺序原则是"英汉时空性差异观"的重要组成部分。

第四章　时间顺序原则的主要问题

本书认为，时间顺序原则的相关研究至少存在以下三个问题：时间顺序原则的研究对象问题、时间顺序规律的共性与个性问题和时间顺序象似性的适用性问题。

第一节　时间顺序原则的研究对象问题

戴浩一（1988）在论述时间顺序原则时，指出"当两个汉语句子由时间连接词（如'再''就''才'）联结起来时，第一个句子中事件发生的时间总是在第二个句子之前"。其实，这些连词在语义上本身就蕴含着关于顺序的强制性指示作用。这些连词的使用与句子语序的相应调整，更多体现的是言者的主观意愿，即"言语顺序"，而非语言的顺序原则。因此，把这类例子纳入相关研究的考察范围并不一定适宜。如：

（8）a. 我吃过饭①，你再打电话②给我。

　　　　b. 你打电话②给我前，我要先吃饭①。

（9）a. 我们工作一结束①，他就来②了。

　　　　b. 他来②时，我们工作刚结束①。

（10）a. 你给①他钱，他才给②你书。

　　　　b. 想让他给②你书，你得先给①他钱。

（8）a、（9）a、（10）a是戴浩一（1988）所举的例子，符合时间顺序原则，但通过改变时间连接词，得到的（8）b、（9）b、（10）b均不符合时间顺序原则，但句子依然成立。实际上，如果不排除连词语义的作用，可以轻易地借由"前""先""刚"等词语，构成时间顺序原则的诸多反例。

（11）离开①教室前，同学们把桌椅搬②回了原位。

（12）擒贼②先擒王①。

（13）你到时，他刚出门。

（14）我到家②前，父亲已经出门①了。

（11）中，"搬"这一动作发生在"离开"这一动作之前，但句法层面的语序却与之相反。（12）中，"擒王"这一动作发生在"擒贼"这一动作之前，但在句子中"擒贼"一词却出现在"擒王"一词之前。（13）中，"父亲出门"在先，"我到家"在后，但表述时却是逆序的。（14）中，"出门"这一动作发生在"到家"这一动作之前。

（15）吃饭②要洗手①。

<<< 第四章　时间顺序原则的主要问题

（16）过桥②需下马①。

（17）若想从此过②，留下①买路钱。

（18）我跟你走②，你带路①。

（19）开车②系①好安全带。

（20）出门②断①电。

（21）乘坐②公共交通工具佩戴①口罩。

当句中使用了"要""需""若"等词语，构成条件分句，就会出现更多时间顺序原则的诸多反例，如（15）~（17）。可以形成这类情况的句式还有一些，如"等……再说""……的前提是……"（18）~（21）中虽不见这些相关词语，但存在类似的语义关系。

当然，真实语言中的语序是语义范畴的临摹原则和语法范畴的抽象原则相互作用的结果，因此，在观察和讨论语言的象似性原则时，应充分顾及固定句式和句中其他成分语义的相互影响。在语言的各结构中，并列结构内部各语言要素之间的地位是最接近平等的，受语义牵制的可能性较低，更易于准确观察语序象似性原则。因此，不仅连谓结构应作为检验语序象似性原则的标准结构，而且语言各结构中的并列结构也应作为研究语言语序象似性原则的主要考察对象。

戴浩一（1988）曾特别指出古汉语不遵循时间顺序原则，但我们发现，除少数句法格式外，汉语古文中有大量对仗、对

空序律——英汉时空性差异视角下汉语的空间顺序原则 >>>

比、对偶式的并列结构,都遵循时间顺序原则。例如:

(22) 三更①灯火五更②鸡,正是男儿读书时,黑发①不知勤学早,白首②方悔读书迟。(《劝学诗》)

(23) 君子有三戒:少①之时,血气未定,戒之在色;及其壮②也,血气方刚,戒之在斗;及其老③也,血气既衰,戒之在得。(《论语·季氏》)

(24) 朝①闻道,夕②死可矣。(《论语·里仁》)

(25) 今吾朝①受命而夕②饮冰,我其内热与!(《庄子·人间世》)

(26) 日出①而作,日入②而息,逍遥于天地之间,而心意自得。(《庄子·让王》)

(27) 吾十有五①而志于学,三十②而立,四十③而不惑,五十④而知天命,六十⑤而耳顺,七十⑥而从心所欲不逾矩。(《论语·为政》)

(28) 前事①不忘,后事②之师。(《战国策·赵策》)

(29) 始①吾于人也,听其言而信其行;今②吾于人也,听其言而观其行。于予与改是。(《论语·公冶长》)

(30) 少①壮不努力,老②大徒伤悲。(《长歌行》)

(31) 少①年易学老②难成,一寸光阴不可轻。(《劝学诗》)

(32) 少①而好学，如日出之阳；壮②而好学，如日中之光；老③而好学，如炳烛之明。(《说苑》)

(33) 少小①离家老大②回，乡音无改鬓毛衰。(《回乡偶书》)

(34) 晓①看天色暮②看云，行也思君，坐也思君。(《一剪梅》)

(35) 生①当复来归，死②当长相思。(《留别妻》)

(36) 十三①能织素，十四学②裁衣，十五③弹箜篌，十六④诵诗书。十七⑤为君妇，心中常苦悲。(《孔雀东南飞》)

(37) 少年①不识愁滋味，爱上层楼。爱上层楼。为赋新词强说愁。而今②识尽愁滋味，欲说还休。欲说还休。却道天凉好个秋。(《丑奴儿·书博山道中壁》)

如果从语篇的描写顺序来看，我们发现古人偏好使用编年体，在语篇内部也遵循时间顺序来描述事物发展变化的过程。例如在《过秦论》中，就分别使用了"孝公既没""延及孝文王、庄襄王""秦王既没"等标志性时间点，使文章得以在"秦孝公死后""传到孝文王、庄襄王""秦始皇死后"这三个重要事件后按照时间顺序先后展开。

第二节　时间顺序规律的共性与个性问题

人类对时间的一般认知具有线性、单向、不可逆的共同特征，对于时间流动具有较为近似的体验。由先到后的排列顺序是人类的一般认知规律，这种共性也必然会反映于语言表达。时间顺序规律是人类语言的基本规律，而不是汉语所特有的个性化规律。

(38) a. 他搜集着一片片的干苔藓烧①水喝②。

b. He collected pieces of dried moss and boiled①water to drink②.

(39) a. 凭着他的求生意志，他还是挣扎①着蠕动爬行②。

b. With his will to survive①, he still struggled② to crawl③.

(40) a. 由于劳累过度，李老师生病①住院②了。

b. Due to overwork, Miss Li was ill① and hospitalized②.

(41) a. 我拉开门走①出②教室。

b. I opened the door and walked① out of② the classroom.

<<< 第四章 时间顺序原则的主要问题

(38) a～(41) a 连谓结构中,两个动词共同作谓语,有目的、方式、因果、先后等语义关系,顺序不能相互颠倒;其译文(38) b～(41) b 的英文连动句同样体现了事件的发展与事理的逻辑,也都遵循时间顺序。张兴(2005)验证了时间顺序原则也适用于日语。在亚洲和西非的孤立语和世界各地的一些濒危语言中,如泰语、东克耶黎语、拉科塔语等语言中,表示连贯动作的连动式几乎都是遵循时间顺序规律的(Aikhenvald and Dixon,2006)。本书认为,时间顺序原则的确存在于汉语表达之中,但并非汉语所独有,因此,将其作为能够揭示汉语独有基底的观念原则(戴浩一,1990)并不太合适。

我们来看中外名著中的更多例子。《水浒传》和《西游记》中对动作的连续描述比较多,且无论是在汉语还是在英语中,动词的排列顺序都遵循行为动作的时间顺序,请看以下例句。

(42) a. 只除是太尉办①一点志诚心,斋戒②沐浴③,更换④布衣,休带从人,自背诏书,焚烧御香,步行⑤上山,礼拜⑥叩请⑦,天师方许得见⑧。(《水浒传》第一回)

b. You must first prove① your piety. Eat② no meat, bathe③ and change④ into simple cotton garments. With the edict on your back, carry⑤ burning incense and travel on foot

55

alone to the summit. There, kowtow⑥, and cry⑦ your invitation aloud. Then perhaps you'll be able to meet⑧ the Divine Teacher.

(43) a. 此日五更时分，众道士起来备下①香汤，请太尉起来沐浴②。换③了一身新鲜布衣，脚下穿④上草履，吃⑤了素斋。取过丹诏，用黄罗包袱背⑥在脊梁上，手里提⑦着银手炉，降降地烧着御香。许多道众人等送⑧到后山，指与⑨路径。(《水浒传》第一回)

b. At the fifth watch the following morning the Taoists prepared① scented water and a vegetarian meal for the marshal. After bathing② in the scented water he dressed③ in new cotton garments and straw sandals, ate④ the meatless breakfast, wrapped⑤ the imperial edict in a piece of yellow silk and tied⑥ it on his back. In a silver censer he carried⑦ the smoking incense. Many Taoists escorted⑧ him to the mountain behind the temple and pointed⑨ out the path.

(44) a. 太尉别①了众人，口诵②天尊宝号，纵步上山③来。独自一个，行④了一回，盘坡转径，揽葛攀藤。约莫走⑤过了数个山头，三二里多路。(《水浒传》第一回)

b. Bidding① the Taoists farewell and calling on② the Highest Deity for aid, Marshal Hong started up③ the

第四章 时间顺序原则的主要问题

mountain, alone. He climbed④ the twisting overgrown path for two or three li, crossing⑤ a number of peaks.

(45) a. 只见山凹里起①一阵风。风过②处,向那松树背后,奔雷也似吼一声,扑地跳③出一只吊睛白额锦毛大虫来。洪太尉吃了一惊,叫④声"阿呀!"扑地望后便倒⑤。那大虫望⑥着洪太尉,左盘右旋⑦,咆哮⑧了一回,托地望后山坡下跳⑨了去。(《水浒传》第一回)

b. A strong wind blew① through the hollow. When it had passed②, a roar thundered from behind the pines and out leaped③ a huge tiger, with bulging eyes, a white forehead and striped fur. "Aiya!" cried④ the marshal, toppling⑤ over backwards in terror. The tiger, its eyes fixed⑥ upon him, circled⑦ left and right. Then it roared⑧ again and bounded⑨ off down the rear slope.

(46) a. 众人只得把石板一齐扛起①,看②时,石板底下却是一个万丈深浅地穴。只见穴内刮喇喇一声响亮③,那响非同小可。响亮过处,只见一道黑气,从穴里滚将④起来,掀塌⑤了半个殿角。那道黑气,直冲⑥到半天里,空中散作⑦百十道金光,望⑧四面八方去了。众人吃了一惊,发声喊⑨,撇下⑩锄头铁锹,尽从殿内奔将⑪出来,推倒撷翻⑫无数。惊得洪太尉目瞪口呆⑬,罔知所措⑭,面色如土。奔⑮到廊下,只见真人向前叫苦不迭⑯。

57

(《水浒传》第一回)

b. When the men had removed① the slab, a pit one hundred thousand feet deep was revealed②. A great ripping③ sound was heard, and a black cloud shot④ out of the pit. It tore⑤ through half a corner of the roof and zoomed⑥ into the sky, where it split⑦ into more than a hundred golden rays which shimmered⑧ in every direction. Everyone shouted⑨ in fright and threw⑩ down their tools. They dashed⑪ out of the hall, bowling⑫ people over left and right. Marshal Hong goggled⑬ and gaped⑭ helplessly. His face was the color of earth. He hurried⑮ out to the porch, where the abbot was lamenting⑯.

(47) a. 行李拿①了，按②着云头，径到③禅堂房脊上，罩④住了唐僧与白马、行李。(《西游记》第十六回)

b. Taking① the cover, Monkey pressed down② on his cloud and went③ straight to the roof of the meditation hall, where he spread④ the cover over the Tang Priest, the dragon horse, and the luggage.

(48) a. 他套①上衣服，开②了门，往外就走③。被行者一把扯住④，将自己脸上抹了一抹⑤，现出⑥原身。(《西游记》第十八回)

b. He pulled① on his clothes, opened② the door, and

<<< 第四章 时间顺序原则的主要问题

was just going out③ when Monkey grabbed④ him, gave⑤ his own face a rub, and changed⑥ back into his real form.

我们再来看一些英文名著中的句子。

(49) a. He started① up, growling② at first, but finding③ his leg broken, fell down④ again; and then got⑤ upon three legs, and gave⑥ the most hideous roar that ever I heard. (*Robinson Crusoe*)

b. 狮子一惊①,狂吼②而起,但发觉③一条腿已断,复又跌倒④在地,然后用三条腿站立⑤起来,发出⑥刺耳的吼叫声。

(50) a. We brought① eight of our guns to bear on that side, and poured in② a broadside upon him, which made him sheer off③ again, after returning④ our fire, and pouring in⑤ also his small shot from near two hundred men which he had on board. (*Robinson Crusoe*)

b. 我们把八门炮搬①到了这一边,一起向他们开火②。海盗船边后退③,边还击④,他们船上二百来人一起用枪向我们射击⑤。

(51) a. I took① our biggest gun, which was almost musket-bore, and loaded② it with a good charge of powder, and with③ two slugs, and laid④ it down; then I loaded⑤ another

59

gun with ⑥ two bullets; and the third (for we had three pieces) I loaded⑦ with five smaller bullets. (*Robinson Crusoe*)

b. 我自己拿①起最大的一支枪，装②了大量的火药，又装③了两颗大子弹，放④在一旁，然后又拿⑤起第二支枪，装⑥了两颗子弹，再把第三支枪装⑦了五颗小子弹。

(52) a. Belle would get up①, stretch② herself lazily, give③ one or two contemptuous sniffs, go to the opposite side of the hearth and lie down④ again, and I, wearied and disappointed, went off⑤ in search of Martha. (*Three days to see*)

b. 贝拉总是会爬①起来，懒懒地伸②个懒腰，打③一两个不屑的响鼻，然后跑④到壁炉的另外一边去躺下⑤，而我总是失望地跑去找玛莎玩。

(53) a. The apron did not dry quickly enough to suit me, so I drew① nearer and threw② it right over the hot ashes. The fire leaped into③ life; the flames encircled④ me so that in a moment my clothes were blazing. I made⑤ a terrified noise that brought⑥ Viny, my old nurse, to the rescue. Throwing⑦ a blanket over me, she almost suffocated⑧ me, but she put out ⑨ the fire. (*Three days to see*)

b. 围裙在火的热力之下并没有很快烘好，于是我把围裙拿①近了一些，但是却不小心放②在了火焰上面。很快

<<< 第四章　时间顺序原则的主要问题

围裙就烧③了起来，顺便还把我身上的衣服给引燃④了。我惊慌失措地大叫⑤着，很快就引来⑥了我的老保姆维妮，她用一条毯子包裹⑦着我，差点就把我给弄窒息⑧了，不过总算是把火苗给扑灭⑨了。

(54) a. I felt① approaching② footsteps, I stretched③ out my hand as I supposed to my mother. Someone took④ it, and I was caught up and held⑤ close in the arms of her who had come to reveal all things to me, and, more than all things else, to love me. (*Three days to see*)

b. 我感觉①到脚步声临近②，我伸开③了双臂，就像是对我的母亲一般。有个人抓住④了我的手，我被抱⑤了起来，拥进了怀里，她就是那个为我揭示一切的人，但是比这个更为重要的是，她爱我。

以上例句选自英语名篇，均为动作的连续描述语篇，通过与其汉语译文对比，我们可以发现，无论是英文原文还是汉语译文，动词的顺序都是按照它们所表示的概念领域里的动作或状态的时间顺序排列的。

综上所述，时间顺序象似性是语言的共性，而非汉语的个性，时间顺序原则作为语序规则具有一般性和普遍性。时间顺序原则是人类语言通约的、普遍的基本语序规律，因此基本符合汉语事实，但显然无法解释汉语所有的语序现象，更不能作为汉语的个性特征。关于汉语独特的语序规律，本书将在第五章展开讨论。

第三节　时间顺序象似性的适用性问题

语言的顺序象似性源自时间顺序规律，而二者并非等同。汉语能否像大多数印欧语一样把"时间顺序"当作"顺序象似性"的原则，这值得探究。

甲柏连孜（2015）就描述了汉语的语序特征，认为通常排在前面的是强势（更大、更高、更好）的成分，或者时间上更早更古的成分。潘文国（1997）在论述汉语语序的逻辑律时，不仅对时间的先后律做了分析，也提到了空间的大小律，并提出可以将之看作汉语逻辑律的重要组成部分。蒋平（2004）提出语言结构的空间顺序观点，强调除时间顺序外，空间概念作为语序的一种生成机制同样具有认知理据。林宗宏（2008）认为，汉语是一个"处所突显"（locative-prominence）的语言，处所主语是汉语语法中的一个非常特别的现象。吴银平等（2015）在分析《黄帝内经》语篇顺序象似性时指出，空间顺序也是人们认知和感知世界的基本观念，具有象似性。王文斌（2013a，2013b，2019）及其研究团队所发表的一系列研究成果，进一步揭示汉语是一种强空间性语言。

<<< 第四章 时间顺序原则的主要问题

  时间顺序原则对汉语语序的表层现象做了较为充分的描写，虽已总结一定的规律，却尚未反映汉语的主导性特征，未能揭示规律背后的深层原因。徐通锵（2005）曾指出，处理语法与语义的关系，需要从语法结构与思维方式的彼此联系角度去探索两种语法形成的异同。语言的表达方式在很大程度上受人的思维方式的影响，更受制于文化因素的影响。不同的语言具有不同的表达方式，所形成的概念也会受到某种程度的影响。语言是现实的编码体系，也是民族思维方式的重要标志。正如洪堡特（1999）和 Wierzbicka（1979）所言，每一种语言在其结构中都会体现出某种特定的世界观。汉语不同层面语言结构内部呈现的排序规律，实际上是汉语民族世界观的反映。对汉语民族的时空观及其思维特质加以观照，有助于准确观察汉语语序的主导性原则。

  戴浩一（1988）提出的时间顺序原则作为汉语象似性语序规律，在汉语学界影响很大。但是，我们在思考和探讨戴浩一的"时间顺序原则"时，发现这一原则并非为汉语语序所独有。再者，"时间顺序原则"难以解释许多汉语的语序现象。例如，汉语的地址写法是从大到小（如：中国北京市海淀区 XX 路 XX 院 XX 楼 XX 单元 XX 室），而英语则相反，其地址写法是从小到大（Room XX, Unit XX, Building XX, XX Courtyard, XX Road, Haidian District, Beijing, China）。又如，中国人的姓名是姓在前、名在后，而英美人的姓名排列则恰好相反，是名在前、姓在后。再如，汉语中诸如"口舌、身手、人脸、地洞"等短语成分的语序排列也是从大到小，而英语在表达汉语的相应概念时，或者只能用一个单词来表达，如用"tongue"表达"口舌"，或者用从小到大的短语来表达，如用"a hole in the ground"来表达"地洞"。若借用"时间顺序原则"来解释汉语的这些语序现象，就很难有说服力。

在此我们需要关切的是，戴浩一的"时间顺序原则"能否解释我们在本书所提供的关于汉语语序的这些例证？如果不能，那么该用什么来解释？我们在此的看法是"空间顺序原则"是汉语语序的主导性原则，这一原则基本上能解释这些例证。

第五章　汉语的空间顺序原则

"大小"是空间范畴的一个重要方面。我们平常所用的"空间大""空间小""空间的大小""扩大空间"和"缩小空间"等表述，充分说明"大小"属于空间概念。通常情况下，空间是物质存在的一种客观形式，表现于长度、宽度、高度，具有三维性，而空间里的范围，也属于空间，如容积率等均可算作空间范围，如我们也可以说"空间的范围大""空间的范围小""空间范围的大小""扩大空间范围"和"缩小空间范围"等，这些表述也足以说明"大小"也是属于空间概念。汉语里的"宇"是表示"上下四方"，在此的"四方"就是表示"东南西北"四个方位，而关于方位，我们也可以说"大方位""小方位""大小方位""全方位扩大"等，这些表述进一步说明"大小"尽管是属于尺寸范畴，可也明显具有空间属性。在汉语民族的思维里，有许多概念（包括物质概念和精神概念）都规约性地（conventionalized）归结为"大小"概念，反映汉语民族以空间的大小概念来度量对事物性质的判断和价值取向，在语言表述过程中是先取大，后择小，基本上能昭显以空间大小为定位的"先大后小"排序规律。汉语缘何会出现这种排序规律，这正是本书所要析述的着眼点。

再者，张伯江（2018）强调，需要"在世界语言中认识汉语。"本书赞同张伯江这一看法。如果对照英语，或印欧语中的其他语言不难发现，这些语言的相应表述不完全如此，如上文提到的地址写法以及对时间的表述方式，汉语遵循"先说大时间，后说小时间"的规律，如汉语的"2022年1月3日上午9点"，而英语的相应表达却是相反，基本上是先说小时间，后说大时间，如"at 9：00am. on January 3，2022"。我们在此需要追问的是，为何汉英会存在这种差异？借助英汉语言对比，也许我们更能观察汉语的独特性。再者，本书所提的"空间顺序原则"，就是指空间大小律，其顺序是先大后小。尽管"先后"是时间概念，但同时也可表达空间概念，如"先头部队"是表示"位置在前面的部队"，"争先"是表示"争着赶在前头"等，"先辈"和"先生"等在观念上都大于"晚辈"和"后生"。一切物质性的事物都属于空间范畴。关于空间概念，本书基本观点是，空间就是事物，具体而言，空间是所有事物运动的表现形式，空间是表示所有事物运动延展的程度的物理量，空间是所有具体事物所具有的一般性规定（王文斌，2019）。事物都具有空间属性，而大小是其最为基本的空间概念。时间顺序的基本维度是先后，而空间顺序的基本维度是大小。如本书所述，汉语民族对"大小"概念有着特殊的认知，不但世间万物都有"大小",长幼尊卑、男女老少、阴阳虚实、家事国事天下事也都有"大小"之称。

第一节　空间顺序象似性在汉语语序规律中的主导性

从顺序象似性观点看,人们感知事物的顺序和描述事物的顺序通常是一致的。汉语民族在对客观世界概念化的过程中,遵循着特定的空间顺序规律,影响着各个层次不同成分的组成顺序。事物都具有空间属性,而大小是最为基本的空间概念。本书认为,空间顺序象似性是汉语顺序象似性的基础,具有主导性作用,在语法中表现为空间顺序原则,具体表现为:汉语中两个层次、级别相同的语法单位的相对次序与其所表示的概念领域里从大到小的顺序契合。在此需强调两点:一是汉语的空间顺序原则不仅适用于句法单位,也适用于词法和章法单位,是汉语语法的主导性规律;二是概念领域里的"大"与"小"并不仅仅指事物的体积大小,而是包含古人以"礼"为原则确定的一系列次序规则。

汉语中,"大"除了表示体积之外,还可表示以下三种意义:一是规模广、程度深、性质重要,如"大局""大众""大义""国之大者";二是年长、排行第一,如"老大""大哥";

三是时间更远，如"大前天""大后年"。与英语相对照，汉语中的"大"至少包含 big、large、great、huge、enormous、vast、tremendous、gigantic、monumental、immense、infinite、limitless、boundless、measureless 等词的含义。由此可见，汉语民族除了把占据空间多的事物看作"大"之外，还在诸多意义上赋予了"大"的概念，这些概念都可归入"空间"这一基本概念。汉语空间顺序原则的基本内涵可总结为"以尊为大""以老为大""以先为大""以主为大""以男为大""以大为大""以褒为大""以虚为大""以上为大""以出为大"等。

表5.1 汉语空间顺序原则的基本内涵及其例词

基本内涵	例词
以尊为大，先尊后卑	尊卑　君臣　士兵　官僚　妻妾
以老为大，先老后少	老少　兄弟　师生　子孙　母子
以先为大，先先后后	先后　早晚　朝夕　始终　古今
以主为大，先主后次	主次　正副　上下　左右　内外
以男为大，先男后女	男女　父母　子女　夫妻　龙凤
以大为大，先大后小	大小　国家　手指　尺寸　粗细
以褒为大，先褒后贬	褒贬　利弊　扬弃　优劣　进退
以虚为大，先虚后实	虚实　阴阳　黑白　表里　疏密
以上为大，先上后下	上下　高低　头脚　升降　起伏
以出为大，先出后入	出入　呼吸　出纳　来回　往返

这些基本内涵之间是相互印证、互为表里的。比如，尊老是中国人的传统，"以老为尊"是中国人的普遍观念，即可从

"以尊为大"中推导出"以老为大"。老者先于晚辈来到人世，即是"以老为大"和"以先为大"的统一。中国人又有"先入为主"一说，故可由"以先为大"推论出"以主为大"。这些基本内涵中被赋予"大"的概念的词，如"尊""老""先""主""虚"等，也通常带有褒义，这与"以褒为大"的基本内涵一致。从这些基本内涵中可以推导出一些引申内涵。例如，在汉语民族的传统方位观念中，按照日出日落的规律，以东方为尊，以西方为卑；以山水阴阳为参照，因南方为阳，北方为阴，故以南方为尊，北方为卑，因此，中国古代的宫殿、王府、官衙、庙堂等建筑大都选择"坐北朝南"。其他方位观念也分上下尊卑，虽不同的时代分别以左为尊或以右为尊，但大多数以左为尊，中国人以"上"为尊和以"左"为尊，故有"以上为大"和"以左为大"。当然，这些空间顺序原则的内涵是在漫长的历史演进中形成的语言习惯，有些存在歧视与偏见，反映的是中国传统封建思想中的糟粕，并不代表当代社会倡导的理念，我们在此仅旨在揭示语言现象和思维习惯之间的关联。

当不同概念以相同的地位分散在句中各处形成对比、对照、对仗、对偶时，其顺序也遵循空间顺序原则，例如：

(55) 一年之计在于春，一日之计在于晨。

(56) 君子坦荡荡，小人长戚戚。(《论语·述而》)

（57）尺有所短；寸有所长。

（58）天时不如地利，地利不如人和。（《孟子·公孙丑》）

中国古代先哲们认为，天是自然界的最高概念和总称，其直接的显现是空间，但中国人对"时间"的感受也与"天"相关，故称"天时"。一般情况下，"天"排在"地"和"人"的前面，如"天时、地利、人和"。在中国人看来，"天""地""人"都是空间概念，是对自然环境、地理面貌和人文条件的称谓；"时""利""和"是时间概念，即对自然环境、地理面貌和人文条件的合理利用和有效配给以实现和谐。"天"相较于"地"而言，是更大的空间，符合"以大为大""以虚为大""以上为大"的空间顺序原则的基本内涵。同时，"天"与"时"的组合，即"天时"，既表达自然运行的时序，也表达宜于做某事的气候条件，所以不一定仅仅表达时间。而且，在汉语里，即便是"时间"这一表达，其概念也是空间化的，因为"时间"的"间"就是"空间"的"间"，而"间"是一个方位词，空间属性明显。冯时（2006）认为，汉语民族方位体系的精确化促使了时间体系的精确化。从认知视角看，汉语是背景（ground）先于图形（figure）的语言。Santiago 等（2007）认为，在心理层面，时间表征确实具有左右方向性的可能，个体可以在头脑中按照从左至右的顺序表征先后发生的

<<< 第五章 汉语的空间顺序原则

不同事件，各种与时间有关的图表和工具也可以很好地体现头脑中的这种表征方向性，例如从左至右展开的时间轴线图、工作流程图和日历等。杨丽、文秋芳（2017）曾通过实验考察了汉、英母语者空间感知倾向的差异，发现汉语母语者具有明显的先背景后图形的空间感知倾向。时间概念相对于空间概念而言是更为抽象和更为虚空的背景，而且以"古"为上，如"上古时代""上世纪"等，而处所作为环境空间是为事件的发生提供具体的现实情景，常以"现"为下，如"目下""眼下"等。因此，汉语的句子有多项状语时，时间状语一般出现在地点状语之前，而且在合成词中若同时包含时间和空间语素含义时，也将包含时间含义的语素前置，如"时空""时过境迁""时移世易""时时处处"等，① 体现了空间顺序原则中的"以先为大""以虚为大""以尊为大""以上为大""以大为大"等。前文所提到的林宗宏（2008）提出的"处所凸显"，其本质实际上就是"处所中心"。汉语时间与处所的优先位序关系，究其根本，是汉语民族时空观的反映。这种现象的内部蕴含着传统文化、民族思维和语言规律。

有些词看似是空间顺序原则的反例，实则不然。②

---

① "宇宙"一词并非反例。"宇宙"最初是"房屋"的意思。"宇"原意为"屋檐"，"宙"原意为"栋梁"，"宇"在上而"宙"在下，所以是"宇宙"而非"宙宇"。后用"宇宙"一词延伸代表广阔世界的概念。古文中也见"宙宇"之称，如：汉《淮南子·齐俗训》中有"往古来今谓之宙，四方上下谓之宇"。
② 在研究中发现了"轻重""将帅""进出"等个别不符合空间顺序原则的并列式合成词。

(59) 反正　迟早　死活　雌雄　祸福　缓急　敌友　输赢　贫富

"反正"通过对空间顺序原则的反用,恰恰实现了其"表示情况虽然不同而结果并无区别"的语义和坚决肯定的语气。类似的还有"迟早"和"死活"。"迟早"的字面意义是"或早或晚",其实质是表达"无论时间快慢,一定会发生"的肯定。"死活"也是如此来表达"无论如何""不管怎么说"的意义,形容程度深。"雌雄"与"雄雌"长期并用,但描述动物性别的其他大多数词均符合空间顺序原则,不可逆序,如"公母""鸳鸯""麒麟""凤凰""龙凤"[①]等。"祸福"与"福祸"长期并用,有"祸兮福之所倚,福兮祸之所伏""福祸相生"的表达,体现出一种辩证的思想。"缓急"与"急缓"并用,如《管子·七臣七主》所载,"彼时有春秋,岁有败凶,政有急缓"。"敌友"可化作"化敌为友""认敌为友",亦有"文友诗敌"的用法。"输赢"与"胜负""胜败"等长期共用,有可能受到了语音平仄等方面的影响。"贫富"更多地呈现了贫富群体的大小,"贫"在"富"前也体现了古人安贫乐道的价值观。

此前有学者曾提出"空间顺序"或类似概念,但与本书提

[①] "凤凰"一词中,凤为雄,凰为雌。然而自秦汉后,龙成为君主帝王的象征,帝后妃嫔则称凤比凰,凤凰便不再分雄雌,概念整体雌化了。"龙凤"一词中的"凤"是雌化后的凤凰的简称。

<<< 第五章 汉语的空间顺序原则

出的"空间顺序"概念均有所区别，如蒋平（2004）引入语言结构的空间顺序观点，提出除时间顺序外，空间概念作为语序的一种生成机制同样具有认知理据，但多半是为了解释以名词或动词为中心的成分的排列，主要涉及的是距离象似性，而非顺序象似性。李英哲（2013）讨论的主要是空间顺序的认知对语序的制约，侧重于对连词的探讨，并非词语的空间概念。

值得指出的是，空间顺序原则不是对汉语语序的具体描写，而是从具体语言里提炼出的规律概念。这里讲的空间顺序，并不是具体的汉语语序的素描，而是包含在具体的汉语基层传统语法里的一种特具的规律体系，它支配着语言各个层面，也透过民族思维支配着社会生活的方方面面。我们并不排斥其他规律同样影响汉语的语序，有些影响同样可以在汉语语序里发生作用，但那些作用往往不是起基底（基层）的作用。弄清楚汉语的空间顺序，可以帮助我们理解具体的汉语语序。在这个意义上，空间顺序原则的概念是我们认识汉语语序的工具。

整体上看，汉语在宏观语序和微观语序上均存在比较明显的规则，宏观上体现为空间顺序原则，微观上体现为固定的句式，而在中观上则显得相对灵活，句子的部件可以灵活调整位置。Osgood（1980）提出立足于概念的"自然语序"和负载着说话人的兴趣、心绪、焦点等的"特异语序"。一般语序还受到言者态度以及"连""是""把""被""由""对"等参与

73

的由信息结构主导的句式、特殊疑问句式、言外之意（illocutionary force）、句子特殊焦点（sentential exclusive focus）、语篇修辞等方面的影响。谢信一（1994）指出，感知或概念上促成的规则是"临摹原则"，而以逻辑—数学为基础的规则为"抽象原则"。临摹性只是语法原则的一面。为了使编码和解码更加高效，语言中必定还存在着一些抽象原则。在汉语中，临摹原则和抽象原则共同作用于语法，相互协调、相互竞争，形成汉语语法结构的基本语序。此外，汉语的语序还受到音律、修辞等其他因素的影响。在语用层面，语序还受到音韵影响。作为自然语序临摹原则的本质特征，汉语空间顺序原则是如何与特异语序、抽象原则的地位发生作用的，还有待进一步发掘。

第二节　时间顺序原则与空间顺序原则的关系

　　站在空间顺序原则的立场上反观时间顺序原则，容易看出，汉语的空间顺序原则是主导性原则，而时间顺序原则只是汉语空间顺序原则的从属性原则。时间顺序原则之所以难以解释汉语中的许多语言顺序现象，其根本原因在于它只是语言的表层规律，空间顺序原则才是基底原则，统摄语言各个层面中不同成分的顺序。

　　时间顺序原则集中体现于汉语空间顺序原则"以先为大"

的基本内涵。汉语中的"先"不但可以表示"时间在前的（跟'后'相对）"这一基本的时间概念，如"先例""事先"等，而且可以表示"次序在前"的位次概念，如"先进""领先"等。同样，"前"除了表示"过去的；较早的（指时间，跟'后'相对）"，如"从前""前天"等，也可以表示"次序在前的（跟'后'相对）"，如"前茅""前三名"等。汉语空间顺序原则中"以先为大"的基本内涵决定了时间上先后的排列方式，而时间概念上的先后顺序实质上就是汉语空间概念上的大小顺序。

汉语中的"先"不但可以是时间概念，更是位次概念，"祖先""先人"等概念中的"先"已经抽离了时间概念，更多的是人们对尊重的表达。这里需要强调的是，本书并非反驳戴浩一提出的时间顺序原则中的主要观点，而是需要商榷"时间顺序原则"在汉语语序里是否具有主导性地位。我们的观察是，"时间顺序原则"与"空间顺序原则"均存在于汉语语序，但"空间顺序原则"在汉语语序里具有主导性地位。如英语并不像汉语那样，注重"整体—部分"关系，如"脚趾""手指""人脸""屋檐"等先整体后部分的汉语表达方式，而英语则常用"就物论物"的表达方式，即"趾"就是"趾"（toe）、"指"就是"指"（finger）、"脸"就是"脸"（face）、"檐"就是"檐"（eaves），英语不可能出现"foot toe""hand finger""person face""house eaves"等表述。如果英语的确需要表达"整体—部分"关系,那么常常是先部分,后整体,即表现为"部分—整体"关系,而且一般都借用介词"of"来表达"部分—整体"的关系,如"the lid of a box"(盒子盖)、"the middle of the lake"(湖心)、"the top of a mountain"(山头)、"the employees of a company"(公司雇员)、"the president of the United States"(美国总统)等。

表5.2 "先"与"前"的时间概念和位次概念

时间词	概念类别	语例
先	时间概念	先前 先例 事先 有言在先 他比我先到 我先说几句
先	位次概念	先生 先人 先父 先烈 先哲 先进 领先 先辈 祖先 争先恐后
前	时间概念	从前 前年 前程 前景 向前看 前无古人 前政务院
前	位次概念	前排 前三名

如上文所提,时间顺序原则只能用于解释汉语中部分语言事实的语序规律,并非像戴浩一(1988)所言是"一条总的句法限制",其适用范围有限,具有一定的片面性,即便辅之其他原则加以补充,也难以全面反映汉语语序的主导性特征。空间顺序原则作为汉语语序的主导性原则,可以更全面地概括汉语的象似性语序规律。

戴浩一(1988)在提出时间顺序原则的同时,曾简短论及

<<< 第五章 汉语的空间顺序原则

时间范围原则,提到"这在汉语中是一条更加普遍的原则,即不论在时间上还是空间上,大范围成分总是先于小范围成分"。但遗憾的是,他仅仅把时间顺序原则和时间范围原则看作"两条有独立理据的原则",未能注意二者之间存在紧密的逻辑联系,其后也未见学者继续围绕这一观点展开进一步的论述。

本书在此至少可以发现三点。一是从其论文题目上可以发现,戴浩一的核心思想是"Temporal sequence and Chinese word order",即"时间顺序和汉语的语序",在论文的题目上根本未曾出现"空间顺序原则"。这足以说明"时间顺序原则"是戴浩一论述的重心,主张汉语的语序主要取决于人类概念系统中的时间次序,具有语法类象性(iconicity),明确强调两个句法单位的语序决定于其所描述的事件或状态在时间上的先后顺序。二是戴浩一(1988)强调,"时间顺序原则"是"在一条总原则下概括了至今被认为互不相干的大量的语序规则""管辖着汉语中大多数可以定出的句法范畴的语序表现""可以看成是一条总的句法限制"。戴浩一(1990)还提到时间顺序原则"能够揭示汉语独有的基底的(underlying)观念原则"。在以上观点中,戴浩一均未曾涉及"空间顺序原则"。三是戴浩一(1988)的文章通篇所论述的基本上就是汉语语序的"时间顺序原则",而并未顾及"空间顺序原则"。尽管戴浩一提到,"其实,这在汉语中是一条更加普遍的原则,即不论在时间上还是空间上,大范围成分总是先于小范围成分",但"空间"

问题只是附带提及，并未明确指出汉语语序的"空间顺序原则"，况且在他后续的研究中也未曾提及这一原则，更未展开深入的阐析。这可以说明，"时间顺序原则"是戴浩一的核心观点。

如上所提，戴浩一在后续研究中再也未曾提及汉语语序的"空间"问题，更未见其详述，即便在戴浩一（2011）对时间顺序原则进一步展开系列论述中也未曾提及"空间顺序原则"。这再一次说明，时间顺序原则是戴浩一对汉语语序考察的理论核心，而"空间顺序原则"则处于非常次要的位置。

戴浩一（1988）提到"由于本文的重点是在考察时间顺序的概念，我们只指出汉语词序中的时间排列基本上涉及两条有独立理据的原则——PTS 和 PTSC"（"PTS"的全称是"the principle of temporal sequence"，即"时间顺序原则"，"PTSC"的全称是"the principle of temporal scope"，即"时间范围原则"）。戴浩一在此特别强调时间顺序原则与时间范围原则的理据相互独立。不难看出，他在此也并未关注"空间顺序原则"。

戴浩一在此强调的是"PTSC"（时间范围原则），这说明仅仅是指时间的范围原则，而非更为广泛的"范围原则"，更不是本书在此讨论的"空间顺序原则"。这进一步说明，戴浩一坚持认为时间顺序原则是汉语语序的根本。

戴浩一（1988）在文中还提到"PTSC 的解释价值可以结

合逻辑范围的概念更好地加以评定。这个原则应用的限度和性质还有待于进一步考察"。因此，本书讨论的重点不单单是汉语语序的"时间顺序原则"，还有汉语语序的"空间顺序原则"。我们在本书所拷问的问题是：汉语语序中，"时间顺序原则"与"空间顺序原则"究竟何者占主导地位？本书的观点是：汉语具有强空间性特质，"空间顺序原则"是汉语语序的主导性原则。对于这一观点，本书提供了许多汉语语言例证加以佐证。张开焱（2021）通过对中国上古神话史的研究，发现中国文化时空观具有"先空后时""以空统时"的空间优势型特征。

　　本章通过理论阐述和大量的语言实例，提出空间顺序象似性为汉语的主导性语序规律，空间顺序原则是汉语的主导性语序原则，尝试概括以"以尊为大、以老为大、以先为大、以主为大、以男为大、以大为大、以褒为大、以虚为大、以上为大、以出为大"为基本内涵的空间顺序原则，通过阐述一些看似的反例，在全面阐释汉语空间顺序原则的基础上，结合上一章的讨论，指出时间顺序原则是汉语空间顺序原则的次要原则，并通过对文献的回顾和对相关概念的阐释，在汉语的空间性观点中有效解释了时间顺序原则，并尝试提出二者的理论关系：空间顺序原则包含时间顺序原则，时间顺序原则属于空间顺序原则，时间顺序原则是空间顺序原则的内涵之一，时间顺序原则是空间顺序原则的一个次类。

第六章　汉语空间顺序原则在各层次并列结构中的体现

　　如前文所述，汉语的语序研究不能只求突出特征差异，而忽略系统的整体性和系统内部各要素的一致性。一种语言各个不同层面的顺序现象都应该能够体现这种语言的根本顺序规律，句子成分的排列顺序现象只是其一。因此，本章选取反映汉语空间顺序原则在各个层次并列结构中的广泛应用情况，从并列式合成词的语素顺序、名词铺排与列举结构中的排列顺序以及描写性语篇的逻辑顺序三个方面，由微观到宏观，全面展现空间顺序原则在汉语中的广泛应用，把许多以往认为不相关的语序现象在一条主导性语序原则下呈现出来。在并列式合成词的语素顺序方面，分别从表达辩证思想、尊卑观念和中医概念的词语三方面给出例证并加以详细分析，而后给出名词铺排现象和列举结构的相关例证并辅以阐释说明，最后辅之描写性语篇的逻辑顺序的例证，从描写事物的语篇和描写人物的语篇两个方面支撑本书观点。

<<< 第六章　汉语空间顺序原则在各层次并列结构中的体现

第一节　并列式合成词的语素顺序

汉语空间顺序原则在语言各层面中均有体现。汉语词汇中合成词占绝大多数，其中名词性合成词的语素语义相近，是考察汉语空间顺序原则的一个合适对象。我们大致可以将汉语名词性并列式合成词按照语素语义的不同关系分为八类。①

表6.1　汉语并列式合成词的词素语义关系

词素间的语义关系	例词
同义关系	朋友　道路　高大　秘密
领属关系	花瓣　手指　树枝　衣袖
临近关系	窗帘　耳环　床单　皮毛
材料关系	木桌　铁桶　钢笔　铅球
提取关系	豆油　橙汁　蔗糖　果醋
能产关系	蜂蜜　鸡蛋　牛奶　蛇毒
处所关系	壁灯　川菜　京剧　县官
时间关系	春雨　夏日　秋风　冬雪

我们看到，无论这些词的词素语义关系如何，都遵循从大到小的空间顺序原则。领属关系中，表整体义的词素前置，表

---

① 汉语亲属关系的合成词（如"姐夫""伯母""师娘""妹夫""弟媳"等）的语序影响因素较多，故本书暂不谈及。

部分义的语素后置；临近关系中，表主体义的词素前置，表附着义的语素后置；材料关系中，表材质义的词素前置，表实物义的语素后置；提取和能产关系中，表原料和来源义的词素前置，表结果和产品义的语素后置；处所和时间关系中，表示语义概念较大的前置，语义概念较小的后置。以上规律都符合空间顺序原则。即便是在同义关系中，两个语素的词义之间也有些许差异，如同学为"朋"，同志为"友"。唐代孔颖达所著《周易正义·上经乾传·卷一》曾有疏解，"凡言朋者，非惟人为其党，性行相同，亦为其党"。"朋"一般有利，而"友"则有"益友""损友"之分，故"朋"尊于"友"，故为"朋友"。试再举几例做英汉对比：

（60）a. 手指　衣袖　船桨　国都

b. *指手　*袖衣　*桨船　*都国

c. fingersleeve   quant   capital

d. the finger of the hand the sleeve of the clothes

the quant of the boat the capital of the country

（61）a. 手臂　头发　窗帘　门槛

b. *臂手　*发头　*帘窗　*槛门

c. arm   hair   curtain   sill

d. * hand arm   * head hair

window curtain   door sill

<<< 第六章　汉语空间顺序原则在各层次并列结构中的体现

(62) a. 奶牛　蜜蜂　宦官　乳母
　　 b. 牛奶　蜂蜜　官宦　母乳

（60）a 中两个语素按大小顺序组合，若颠倒两个语素的顺序如（60）b 则不可接受。英语中这类词汇多以单一词汇的形式独立出现，如（60）c，当需特指时，则需按照时间顺序原则将重要性较高的、表示局部的成分前置，把重要性较低的、表示整体或修饰概念的成分后置，表述如（60）d。（61）a 的两个词素语义存在临近依附关系，即其中一个语素的语义是附着在另一个语素上的，其排序规律是，将具有整体意义的、较大的、被附着语义的词素置前，将具有局部意义的、较小的、附着语义的词素置后。若颠倒两个语素的顺序如（61）b，亦不可接受。这符合空间顺序原则"以大为大"的基本内涵。英语中这类词汇也多以单一词汇的形式独立出现，如（61）c，如若将汉语的两个词素直接译出如（61）d，则在一些情况下呈现的英文在语法上不可接受。（62）中两个语素的倒置则会造成词义的完全不同，如："奶牛"指乳牛，即专门培育的产乳量高的牛，而"牛奶"则指牛的乳汁。"蜜蜂"是一种成群居住的昆虫，而"蜂蜜"则指蜜蜂采取花中甘液所酿成浓稠的可供食用和入药的蜜汁。"宦官"是封建时代经过阉割在皇宫里伺候皇帝及其家族的男人，也称作太监，而"官宦"则可通指做官的人。"乳母"是专司授乳及看护幼儿的仆

83

妇，而"母乳"则指产后女性乳房产生的用作哺育婴儿的汁液。

  需要说明的是，此处我们采用了沈家煊（2016，2019b）的观点，认为并置关系是包括并列关系、偏正关系、主谓关系、动宾关系等在内的一切结构关系的源头，应淡化并列与偏正的区别，一并作并置看待，两个词素之间通常不存在"主从"关系，不存在"谁修饰谁"的问题，它们是"互相修饰"、并置的关系。此观点与本书通过观察大量语言事实所得出的结论不谋而合，虽在学界尚存争议，但值得更多的关注和进一步的验证。

  以下分别以表达辩证思想、表达尊卑观念和表达中医概念的词语为例，管窥蕴藏在这些词语之中的词素的空间顺序。

一、包含辩证思想的词语

  汉语民族自远古时期就产生了辩证观念，并在后来逐渐形成了传统辩证思想，八卦图就是最好的证明。春秋战国时代，各家纷纷著书立说，辩证相对注意哲学思想逐步理论化、系统化，对其后的哲学思想发展影响深远，引领了中国传统哲学思想。

  8世纪日本的弘法大师对汉语民族的辩证相对观念有着十分精辟的论述，他在《文镜秘府论》中写道：

<<< 第六章 汉语空间顺序原则在各层次并列结构中的体现

凡为文章，皆须对属。诚以事不孤立，必有配匹而成。至若"上"与"下"，"尊"与"卑"，"有"与"无"，"同"与"异"。"去"与"来"。"虚"与"实"。"出"与"入"。"是"与"非"，"贤"与"愚"，"悲"与"乐"，"明"与"暗"。"浊"与"清"，"存"与"亡"。"进"与"退"，如此等状，名为反对者也（事义各相反，故以名焉）。除此以外，并须以类对之："一二三四"，数之类也；"东西南北"，方之类也；"青赤玄黄"，色之类也；"风云霜雾"，气之类也："鸟兽草木"，物之类也；"耳目手足"，形之类也；"道德仁义"，行之类也；"唐、虞、夏、商"，世之类也；"王侯公卿"，位之类也。及于偶语重言，双声叠韵，事类甚众，不可备叙（常敬宇，1995，2009）。

弘法大师所说的"以类对之"就是对客观事物对称存在的概括，"反对者"就是对立统一、相反相成的辩证思想的反映。"宇宙万物，生而有序，而皆对立有偶"（常敬宇，1995，2009）。汉语民族传统的辩证哲学和相对主义思想反映在汉语词汇中，就出现了大批表达辩证观念的词语，而其语素语序都符合"生而有序"的空间顺序，例如：

(63) 大小　有无　生死　高低　长短　真假　黑白　前后　上下　左右　里外　深浅　厚薄　宽窄　胖瘦

美丑

(64) 始终 呼吸 出纳 矛盾 东西 多少 善恶
公私 贵贱 反正 甘苦 虚实 轻重 缓急 阴阳
吉凶 疾徐 快慢 详略 繁简 主次 远近 休戚
厚薄 利弊 浓淡 朝暮 早晚 迟早 出入 优劣
刚柔 敌友 动静 胜负 胜败 大小 来回 往返
来往 深浅 高低 左右 彼此 旦夕 黑白 存亡
好歹 好坏 开关 是非 长短 死活 进出 首尾
始末 本末 先后 前后 恩怨 成败 利害 上下
收支 得失 离合 聚散 悲欢 赏罚 老少 中外
男女 日夜 昼夜 古今 褒贬 内外 老幼 输赢
损益 进退 盈虚 屈伸 粗细 巨细 软硬 荣辱
婚丧 功过 真假 盛衰 然否 真伪 公婆 夫妻
乾坤 强弱 宽窄

（63）中词语的两个语素都是意义相反或对立的，又是相互关联、互相依存、相辅相成、辩证统一的，二者共同作用于同一语义范围，从而产生一个共同语义，这些词的两个语素都可以单独成词。（64）中每个词的两个语素不能单独成词。

二、包含尊卑观念的词语

常敬宇（1995，2009）曾指出，伦理观念是汉语民族传统

<<< 第六章　汉语空间顺序原则在各层次并列结构中的体现

心理文化的重要组成部分。中国经历了较长时期的封建社会，形成了包括尊卑有序的传统封建伦理观念，认为社会的伦理纲常是神圣有序的，这样才能维持安定和谐。费孝通（2006, 2008）指出，"伦是有差等的次序……传统的社会结构里最基本的概念，这个人和人往来所构成的网络中的纲纪，就是一个差序，也就是伦"。人们都依照这样的相同社会行为准则来约束自己的言语行为，于是形成了汉语民族的伦理观念和传统的文化心理，这在汉语的次序结构上有着十分明显的体现。

(65)　君臣　后妃　臣民　官民　将士　士庶　士卒
官吏　长幼　师生　师徒　国家　男女　老少　父母
公婆　祖孙　父子　母子　母女　夫妻　婆媳　翁婿
伯侄　叔侄　子女　兄弟　姐妹　兄妹　姐弟　妻妾
尊卑　婚丧　爱憎　亲疏　恩怨　恩仇

(66)　胜负　胜败　兴亡　文武　贵贱　安危　升降
日月　天地　雅俗　好坏　好歹　高低　上下　东西
南北　左右　前后　长短　深浅　大小　内外　明暗
吉凶　甘苦　岁月　年月　早晚　往来　褒贬　盈亏
厚薄　江河　山河　湖泊　尺寸　斤两　花草　鞋袜
快慢　桌椅

(67)　官兵　干警　师生　教职工　指战员　老中青
左中右　党政军民

（65）是反映社会人际关系的合成词，分别符合此前提出的"以尊为大""以老为大""以男为大"等空间顺序原则的内涵。（66）是表示事物关系的并列式合成词，分别符合"以褒为大""以主为大""以大为大"等空间顺序原则的内涵。（67）是中华人民共和国成立后出现的新词语，其词序结构仍然符合空间顺序原则。

值得注意的是，当尊卑关系，尤其是其中的男女关系用于成语中时，其语序仍按照"以尊为大""以男为大"的空间顺序排列。

例如：

（68）<u>夫</u>贵<u>妻</u>荣　<u>夫</u>唱<u>妇</u>随　<u>男</u>耕<u>女</u>织　善<u>男</u>信<u>女</u>
痴<u>男</u>怨<u>女</u>　<u>男</u>婚<u>女</u>嫁　<u>男</u>盗<u>女</u>娼　<u>男</u>尊<u>女</u>卑
<u>男女</u>有别　<u>男</u>婚<u>女</u>嫁　<u>男</u>欢<u>女</u>爱　<u>男</u>媒<u>女</u>妁

尊老养老是中华民族自古以来的优秀传统和高尚美德，很早就有社会不同层面关于对不同年龄老人的奉养的记载，借由规范尊老养老的礼制来正齿位、序人伦、敬老尊贤、平息事端、敦睦下。儒家文化特别强调论资排辈，孔子非常注重"礼"，强调孝，反对犯上作乱。所谓"君君臣臣，父父子子"，就是讲儿子要无条件服从父亲，臣子要无条件服从君主。孔子认为齐家和治国的概念是统一的，家中全是孝子，朝中全是忠臣，国家自然能够和谐发展。春秋战国诸子百家的著作

<<< 第六章 汉语空间顺序原则在各层次并列结构中的体现

中，多见对长幼之序的论述，如"帅长幼之序，训上下之则"（《国语·鲁语·曹刿谏庄公如齐观社》）；"长幼之节，不可废也"（《论语·微子》）；"长幼有序，则事业捷成而有所休"（《荀子·君子篇》）。长幼之序的思想后集中体现于"礼"的概念之中。《仪礼·乡饮酒礼》中记载："乡饮酒之礼，六十者坐，五十者立侍，以听政役，所以明尊长也。六十者三豆，七十者四豆，八十者五豆，九十者六豆，所以明养老也。民知尊老养老，而后乃能入孝弟；民入孝弟，出尊老养老，而后成教；成教而后国可安也。"《礼记》也对这一问题做了许多注解，如"礼者，天地之序也"（《礼记·乐记》）；"七十者不有大故不朝，如有大故而入，君必与之揖攘，而后及爵者"（《礼记·祭义》）；"所以官序贵贱各得其宜也，所以示后世有尊卑长幼之序也"（《礼记·乐记》）。在成语中也很容易找到"先来后到""先入为主""长幼尊卑""论资排辈"等反映位序关系的例子。尊老与爱幼并不矛盾，在并置时，则以尊老为先，以体现其更为突出的地位，如《孟子·梁惠王上》："老吾老以及人之老，幼吾幼以及人之幼。"需要注意的是，中国传统文化中的尊老不只在于绝对年龄，在《西游记》第十九回中有这样的描述："又与行者拜了，以先进者为兄，遂称行者为师兄。"可见，此处的兄长排序便是依据入师门的先后顺序，先入师门者为兄，后入师门者为弟，并非以年龄作为绝对的判断依据。中国传统文化中的尊老养老观念很可能来源于农业社会中经验所扮演的重要角色,因老者的经验多,故尊老敬老,尊师重教。

三、包含中医概念的词语[①]

中医是中国古人智慧的结晶,其继承与发展首先靠的是师徒间的言传身教,其次,就是靠行诸文字的经典著作。几千年来,我们使用的基本是同样的文字,但表达的意思有的已经完全不同了,很多字词在演变中逐渐失去或减弱了它们本来的意思。对于中医这门古老的学问,尤其需要去探寻其术语的原意,正本清源,发皇古义,在这一过程中,也很容易发现空间顺序原则穿纫其中的脉络。

(69)身体

"身"指的是身躯、躯干,"体"指的是肢体、分支。"身"是主干,而"体"则是附着于主干的外延分支。"身"是本,"体"是末,故以主为大,"身"在"体"前。

(70)元首

"元"是指被头颅包裹在内的脑髓、脑浆(大脑、小脑、延髓、脑干),而"首"是指头颅、头面、头发、头脸,故以虚为大,"元"在"首"前。

[①] 本小节中的语例含义承蒙中医专家徐文兵先生不吝讲习赐教,并参考了《字里藏医》一书的解读,特此致谢!

(71) 眼睑

"睑"是眼皮、目胞。在"眼睑"一词中,"眼"是主体,"睑"是附件,故以主为大,"眼"在"睑"前。

(72) 口唇

与"眼睑"类似,"口"是主体,"唇"则是附件,故以主为大,"口"在"唇"前。

(73) 牙齿

从文字的象形就可以看出,"牙"象征着前面的门牙和犬牙,而"齿"则代表的是臼齿。"牙"的作用是切碎、撕裂食物,而"齿"的作用则是研磨食物。无论是从"牙"与"齿"所处的位置来看,还是从其发挥功能作用的先后顺序来看,都是以先为大,故"牙"在"齿"前。

(74) 咽喉

"咽"通食道,"喉"则通气管。《灵枢·忧恚无言》篇:"咽者,水谷之道也。喉咙者,气之所以上下者也。"故以大为大,"咽"在"喉"前。

(75) 颈项

从位置上看,脖子的前面是"颈",脖子的后面是"项"。从功能上看,"颈"比"项"更重要。故以先为大,以大为大,"颈"在"项"前。

(76) 肩膀

"肩"平"膀"圆。"肩"是由锁骨和肩胛骨的上端搭建而成的,而"膀"则指上肢肱骨和外侧覆盖的三角肌。"肩"是主体,"膀"是依附,故以主为大,"肩"在"膀"前。

(77) 肚脐

"肚"泛指腹部,而"脐"则专指脐带连接胎儿的端口,故以大为大,"肚"在"脐"前。

(78) 健康

从中医的气血理论来看,"健"指的是气足有力,而"康"则指的是经络通畅顺达。"健"是"康"的前提,故以先为大,"健"在"康"前。

(79) 腠理

"腠"指的是肉眼不可见的表皮间隙,而"理"指的是肉眼可见的表皮纹路。"腠"是"理"的基础,故以主为大,"腠"在"理"前。

(80) 皮肤

"皮"是表皮,而"肤"则是皮下覆盖的组织,介于皮肉之间。"皮"在"肤"上,故以上为大,"皮"在"肤"前。

<<< 第六章　汉语空间顺序原则在各层次并列结构中的体现

(81) 肌肉

"肌"与"肉"不同,"肌"是绷紧、刚硬、发力的肉,而"肉"则是松弛、放松、柔软的肌。"肌"为主,"肉"为辅,故以主为大,"肌"在"肉"前。

(82) 膏肓

"膏肓"指的就是骨髓,其中"膏"的质地柔软,在皮下的位置相对较浅,而"肓"的质地相对坚硬,在皮下的位置相对较深。"膏"在"肓"上,故以上为大,"膏"在"肓"前。

(83) 脂肪

"脂"与"肪"也是两个不同的概念,"脂"是人身体里固体的油。"肪"则是长在腰上的"脂"。《文选》李善注引《通俗文》:"脂在腰曰肪。""脂"在"肪"上,故以上为大,"脂"在"肪"前。

(84) 饥饿

"饥"是食物不足、不够的意思,是一种客观情况。"饿"字从我,描述的是想进食的欲望,是一种主观感觉。"饥"是因,"饿"是果,故以先为大,"饥"在"饿"前。

(85) 干渴

同"饥饿"类似。"干"描述的是一种客观状态,指人体内缺乏津液。而"渴"则表示一种主观愿望，是想要喝水的感觉。"干"是因，"渴"是果，故以先为大，"干"在"渴"前。

(86) 消化

"消"表示同一种物质的量减，是量的变化。而"化"的意思是转化，表示新的物质的化生，是质的变化。先"消"而后"化"，故以先为大，"消"在"化"前。

(87) 精神

"精"指的是有形的物质，是化生元气和"神"的基础，分别来自父母的"精"在结合的瞬间，诞生了新的生命——"神"，故以主为大，"精"在"神"前。

(88) 魂魄

"魂"与"魄"分别控制不同的"神"，其中，"魂"控制无形的能量、信息、思想、意识、情绪、情感、智慧的"神"；"魄"控制有形的身体，影响人的知觉、饥渴、需要、冷暖、排泄等诸多本能的"神"，故以虚为大，"魂"在"魄"前。

(89) 思想

"思"是自思，考虑的是自己的事。"想"是相思、他顾，考虑的是身外之物。中华民族历来讲求"推己及人"，认为考虑自己是考虑他人的前提条件，故以主为大，"思"在

<<< 第六章 汉语空间顺序原则在各层次并列结构中的体现

"想"前。

（90）意志

"意"和"志"都是由思考产生的。思考的结果是"意"，而被保存的记忆则是"志"，故以先为大，"意"在"志"前。

（91）安定

"安"有保全、稳定、静谧的意思，而"定"则是相对静止、不变不动的意思。"安"是"定"的前提，"安稳"才能"入定"，故以先为大，"安"在"定"前。

（92）惊悸

"惊"指的是人的心神受到突然刺激、袭扰以后出现的张皇失措的状态。"悸"指的是能感觉自己快速心跳的意思。"悸"由"惊"而起，故以先为大，"惊"在"悸"前。

（93）怔忡

"怔"表示的是发愣的意思，而"忡"则表示的是突然启动、加快的意思。"怔忡"二字连用，表示心跳忽快忽慢、忽起忽落。先"怔"后"忡"，故以先为大，"怔"在"忡"前。

（94）焦虑

"焦"指的是火烧火燎般的急躁，而"虑"则指的是企盼、期待将来发生的事情。"焦虑"合在一起表示的是急切地

95

企盼将来发生的事情。因"焦"生"虑",故以先为大,"焦"在"虑"前。

(95) 烦躁

"烦"是指发热、头疼,而"躁"是指手足乱动、不得宁静。头在上,足在下,故以上为大,"烦"在"躁"前。

(96) 愧疚

从文字的象形来看,"愧"是心中有鬼,即内心有负面、阴暗的精神、情感、情绪。而"疚"则是心病日久以后产生的自责和负罪感。"愧"是因,"疚"是果,故以先为大,"愧"在"疚"前。

(97) 忧愁

"忧"是指担心、恐惧将来要发生的事,而"愁"则是指一种无能为力、无可奈何的心态。"忧"是原因,"愁"是结果,先因后果,故以先为大,"忧"在"愁"前。

(98) 疼痛

"疼"指的是急性发作的、持续时间短的、浅表的、有灼烧感的、开放发散的、尖锐刺激的疼痛,而"痛"则指的是慢性的、长久持续的、深入的、冷凝的、憋胀的、钝挫的疼痛。显然,"疼"是更为剧烈的"痛",故以大为大,"疼"在"痛"前。

<<< 第六章　汉语空间顺序原则在各层次并列结构中的体现

（99）癫狂

"癫"是指病入头脑，行为、语言、思想颠倒、错乱。"狂"从犬从王，是指丧失人性、称王称霸之意。"癫"是原因，"狂"是结果，故以先为大，"癫"在"狂"前。

（100）疾病

"疾"从矢，指人中箭，本义是指急性病。"病"是加重的疾或合并的疾，也就是由急性转为慢性的疾病。"病"由"疾"发展而来，故以先为大，"疾"在"病"前。

（101）创伤

"创"指的是金属利刃导致的损害，程度可深达肌肉。而"伤"在表皮，一般不用治疗。"创"比"伤"严重，故以大为大，"创"在"伤"前。

（102）疮疡

与"创伤"类似。如果创在肌肉深处，感染以后脓血瘀积较深，同时伴有红肿热痛，这种情况称为"疮"。而如果伤在皮肤，感染后伤口比较浅，感染比较薄，这种情况则称为"疡"。"疮"比"疡"严重，故以大为大，"疮"在"疡"前。

（103）痛疽

97

"痈"是皮下、肌肉组织之间气血、脓液汇聚而成的肿胀隆起。而"疽"是痈的演变、恶化和深入,由体表皮肤、肌肉逐渐发展到筋膜、骨髓,由六腑逐渐发展到五脏。"痈"之不治而为"疽",故以先为大,"痈"在"疽"前。

(104) 咳嗽

"咳"与"嗽"不同,"咳"是肺气上逆,而"嗽"则是食气上逆。"咳"是呼吸系统的问题,而"嗽"则是消化系统的问题。从整体上看,呼吸系统位于消化系统上方,故以上为大,"咳"在"嗽"前。

(105) 哮喘

"哮"指的是由于呼气受阻、挤压而产生的高频、尖锐的声音,而"喘"则指的是吸气节奏加快。呼气为出,吸气为进,故以出为大,"哮"在"喘"前。

(106) 炮炙

"炮"是把食物包裹起来放到火里烤。而"炙"是把肉放在火上,利用火焰顶端的辐射和上炎的热气来炙烤。显然,"炮"比"炙"更为猛烈,故以大为大,"炮"在"炙"前。

<<< 第六章 汉语空间顺序原则在各层次并列结构中的体现

第二节 名词铺排与列举结构中的排列顺序

一、名词铺排

名词铺排,又称"列锦",是汉语中一种独特的语言现象,指汉语表达中所出现的一种以一个名词或名词短语单独构句,或是以两个或两个以上的名词或名词短语(包括名词短语组合)联合构句,以此形成写景叙事的语言现象(吴礼权,2019)。名词铺排这种结构同样能佐证汉语的空间顺序原则。

(107)咫尺山①河②道,轩窗日③月④庭。(唐·陈子昂《夏日晖上人房别李参军》)

(108)秦①时明月汉②时关。(唐·王昌龄《出塞二首·其一》)

(109)大汽车①和小汽车②。无轨电车和自行车。(王蒙《夜的眼》)

(110)圆圆的天①和圆圆的地②,一条季节河③,一匹马④和一个人⑤,这究竟是什么年代? (王蒙《杂色》)

(107)"山"在"河"前,"日"在"月"之前,以主为大;(108)"秦"在"汉"之前,以先为大;(109)"大汽车"在"小汽车"之前,"无轨电车"在"自行车"之前,以大为大;(110)"天"在"地"之前,以尊为大。

(111) 属官有太乐①、太祝②、太宰③、太史④、太卜⑤、太医⑥六令丞。(《汉书·卷十九上·百官公卿表第七上》)

(112) 硕人其颀,衣锦褧衣。齐侯之子①,卫侯之妻②。东宫之妹③,邢侯之姨④,谭公维私⑤。(《诗经·卫风·硕人》)

(113) 却说坚有四子,皆吴夫人所生:长子①名策,字伯符;次子②名权,字仲谋;三子③名翊,字叔弼;四子④名匡,字季佐。吴夫人之妹,即为孙坚次妻,亦生一子一女:子⑤明朗,字早安;女⑥名仁。坚又过房俞氏一子⑦,名韶,字公礼。(《三国演义》第七回)

(114) 贾母①独坐一乘八人大亮轿,李氏②、凤姐③、薛姨妈④每一人一乘四人轿,宝钗⑤、黛玉⑥两人共坐一两翠盖珠缨八宝车,迎春⑦、探春⑧、惜春⑨三人共坐一辆朱轮华盖车。(《红楼梦》第二十九回)

(115) 次日,大赦天下,后人称为中宗。随又传出一道圣旨:加封狄仁杰①公爵,世袭罔替;张柬之②,桓彦范③,袁恕已④这一干人,皆加封侯爵;李多祚⑤封为勇

<<< 第六章　汉语空间顺序原则在各层次并列结构中的体现

猛侯；刘豫升⑥为怀庆府；胡世经⑦着来京升用。其余有功大臣⑧，少弁⑨偏将，无不加封实职。(《狄公案》第六十二回)

(111)是汉朝官制九卿中太常的属官名，太常原名为奉常，汉朝景帝时改名为太常，是九卿之首，机构复杂，编制庞大。(112)写卫庄公夫人庄姜的五个身份，分别是齐侯的爱女、卫侯的新娘、太子的胞妹、邢侯的小姨，谭公又是她姊丈。(113)介绍孙坚的后代，先介绍吴夫人所生长子、次子、三子、四子，再介绍次妻所生一子一女，最后介绍过房之子。以上诸例中，各列举项分别按照人物地位、官职、年龄、位次等概念由大到小排列，符合汉语的空间顺序原则。

二、列举结构

在汉语的列举结构中，常见"排名不分先后"的表达，其用意就是为了避免汉语空间顺序原则对语义语用产生的影响，消除对所列举事物产生位次尊卑的误解。"以姓氏笔画为序"和"以姓氏拼音为序"则是通过对所列举事物的语序以客观顺序另行规约的方式来达到相同的目的。

(116)会员单位(排名不分先后)

理事长单位

上海交通大学

101

副理事长单位

复旦大学

上海大学

上海财经大学

上海市教委信息中心

理事单位

同济大学

华东理工大学

东华大学

华东师范大学

上海外国语大学

上海理工大学

上海师范大学

上海海洋大学

上海交通大学医学院

上海电视大学

上海立信会计学院

上海东海职业技术学院

汉语是一种"取象择言"的语言。汉语的象形文字系统性

<<< 第六章 汉语空间顺序原则在各层次并列结构中的体现

表明华夏古人最初对世界的观察重在事物的形象，思维的具象性十分突出。象形文字本身不具有字母拼音体系，因此没有天然的、易辨识的线性排列方式作为其客观的排序规则，这也正是其较强的主观规约性的根由。英语字母具有自然的、明显的顺序。索绪尔（1949，1985）指出："声音能指（auditory signifiers）仅仅支配时间，其要素相继出现，形成一个链条。人们以文字来表征这些要素时，这一特点就会马上表现出来，即时间的前后相继被书写符号的空间线条所取代。……这种能指因具有与听觉有关的性质，所以仅在时间中展开，并因此具有时间的特征。"因此，其语言结构往往具有线性的时间特征或借助各种语法手段表达事物发生的各种时间先后关系（王文斌，柳鑫淼，2020）。英汉两种语言在排列事物时所采用的不同顺序源自各自语言本身的属性，语言语序的差异源自其语言本身的差异。

第三节 描写性语篇的逻辑顺序

空间顺序原则在汉语语篇中也有体现。广义来看，描写性篇章中不同内容之间的排列也遵循空间顺序关系，所呈现的特点与汉语其他层面上的并列结构并无二致。本书在前文的（6）a中，"山""庙""和尚"形成了从大到小、从整体到部分、从背景到前景的排列顺序,是汉语空间顺序原则的典型体现,其英译的语序却完全不同,如"There was a monk (who was) telling stories in a temple (which was) located in a mountain.",除汉语各句段转译为英语复合长句这一明显变化外,其描写的逻辑顺序也做出了很大的调整,"山""庙""和尚"三者的排列顺序被调整为"和尚""庙""山",由小到大、由近及远、由聚焦点向外辐射,体现了英语与汉语的不同行文方式。汉语描写性篇章中的描写顺序一般为从大到小(从一般到特殊)、从整体到局部(从综合到分析)、从宏观到微观(从远到近),体现为"以大为大""以虚为大"等空间顺序原则。

一、描写人物的语篇

在中国古代名著中,描写人物穿着通常遵循"以上为大""先上后下"的空间顺序原则。请看以下例子:

(117) 身①长八尺,豹头②环眼③,燕颔④虎须⑤,声若巨雷,势如奔马。(《三国演义》第一回)

(118) 头①上戴箬笠,乃是新笋初脱之箨。身②上穿布衣,乃是木绵拈就之纱。腰③间系环绦,乃是老蚕口吐之丝。足④下踏草履,乃是枯莎槎就之爽。(《西游记》第一回)

(119) 头①戴乌金盔,映日光明;身②挂皂罗袍,迎

<<< 第六章　汉语空间顺序原则在各层次并列结构中的体现

风飘荡。下③穿着黑铁甲，紧勒皮条；足④踏着花褶靴，雄如上将。(《西游记》第二回)

(120) 眉①如小月，眼②似双星。玉面③天生喜，朱唇④一点红。(《西游记》第六回)

(121) 一头红焰发①蓬松，两只圆睛②亮似灯。不黑不清蓝靛脸③，如雷如鼓老龙声④。身⑤披一翎黄鹅撇，腰⑥束双攒露白藤。(《西游记》第二十二回)

(122) 不挂素蓝袍，贴身①小袄缚。漫腰②束锦裙，赤了一对脚③。(《西游记》第四十九回)

(123) 独角①参差，双眸②幌亮。顶上③粗皮突，耳根④黑肉光。舌⑤长时搅鼻，口阔版牙⑥黄。毛皮⑦青似靛，筋挛⑧硬如钢。比犀难照水，象牴不耕荒。全无啃月犁云用，倒有欺天振地强。两只焦筋蓝靛手⑨，雄威直挺点钢枪。(《西游记》第五十回)

(124) 蓬着头①，勒一条扁薄金箍；光着眼②，簇两道黄眉的竖。悬胆鼻③，孔窍④开查；四方口⑤，牙齿⑥尖利。(《西游记》第六十五回)

(125) 这里雨村且翻弄书籍解闷。忽听得窗外有女子嗽声，雨村遂起身往窗外一看，原来是一个丫鬟①，在那里撷花，生得仪容②不俗，眉目③清朗。(《红楼梦》第一回)

(126) 这人①打扮与众姊妹不同，彩绣辉煌，恍如神妃仙子。头②上戴着金丝八宝攒珠髻，绾着朝阳五凤挂珠

105

钗,项③上带着赤金盘螭璎珞圈裙边系着豆绿宫绦双衡比目玫瑰佩,身④上穿着镂金白蝶穿花大红洋缎窄裉袄,外罩五彩刻丝石青银鼠褂,下⑤着翡翠撒花洋绉裙。(《红楼梦》第三回)

(127) 孔乙己①是站着喝酒而穿长衫的唯一的人。他身材②高大;青白脸色③,皱纹④间时常夹些伤痕;一部乱蓬蓬的花白的胡子⑤。(《孔乙己》)

(117) 描写张飞,按照"身""头""眼""颔""须"由整体到部分、从上到下的描写顺序。(118) 描写樵夫,按照"头""身""腰""足"从上到下的描写顺序。(119) 描写混世魔王,按照"头""身""下""足"从上到下的描写顺序。(120) 描写杨柳观音,按照"眉""眼""面""唇"从上到下的描写顺序。(121) 描写沙僧,按照"头发""眼睛""脸""口""身""腰"从上到下的描写顺序。(122) 描写鱼篮观音,按照"身""腰""脚"从上到下的描写顺序。(123) 描写兕大王,按照"角""眸""顶上""耳根""舌""牙""毛皮""筋挛""手"从上到下的描写顺序。(124) 描写黄眉童子,按照"头""眼""鼻""孔窍""口""牙齿"从上到下的描写顺序。(125) 描写丫鬟,先作为一个整体出现,然后聚焦到面部,最后定格在眼部,呈现从大到小、从整体到部分的空间顺序原则。近现代作品中的人物形象也是如此。(126) 描

<<< 第六章 汉语空间顺序原则在各层次并列结构中的体现

写王熙凤,按照"全身""头部""颈部""上半身""下半身"由整体到部分、从上到下的描写顺序。(127)描写孔乙己,在人物整体形象出现后,从整体到部分,先描述其身材,再聚焦到其脸色,然后由上至下,描写其皱纹和胡子,很好地反映了汉语的空间顺序原则。如若对比西方文学作品中人物描写的逻辑顺序,可以更好地看清汉语的特点。

(128) a. At this moment, there walked into the room: supporting himself by a thick stick②, a stout old gentleman①, rather lame in one leg③. (*Oliver Twist*)

b. 就在这当儿,屋里走进一位胖胖的老绅士①,拄着一根挺粗的手杖②,一条腿颇有点儿瘸③。

(129) a. He is a stoutly built③, steady-looking④, sharp-eyed⑤ man in black②, of about the middle-age①. (*Bleak House*)

b. 这是个中年人①,穿着一身黑衣裳②,身材魁梧③,神态沉着④,目光异常锐利⑤。

(128) a 人物的整体形象是在第四个分句中才出现的,在"拄着拐杖"这个形象之后,而(128) b 则完全按照空间顺序原则,从整体到部分,先描写人物整体形象,然后才是细节特征。(129) a 先分别描写人物的身材、神态、目光、穿着,最后才出现人物的整体形象,(129) b 则按照空间顺序原则,在人物整体形象出现后,再分别描写人物的细节,并且在人物细节描写时,也按照从整体到部分的顺序,把穿着描写提到较前的位置。

二、描写事物和景物的语篇

在汉语描写事物和景物的语篇中,事物和景物的出现顺序通常遵循"以大为大""从大到小"的空间顺序原则。"大漠孤烟直,长河落日圆"的诗句就是一个很好的例子,"大漠—孤烟""长河—落日"的出现顺序都呈现出"先大后小"的规律。以下是一组中国古代名著中的例子:

(130) 捞起一妇人<u>尸首</u>①,虽然日久,其尸不烂:<u>官样装束</u>②,<u>项下</u>③带一<u>锦囊</u>④。取开看时,内有<u>朱红小匣</u>⑤,用<u>金锁</u>⑥锁着。启视之,乃一<u>玉玺</u>⑦:方圆四寸,上镌<u>五龙交纽</u>⑧;傍缺<u>一角</u>⑨,以<u>黄金</u>⑩镶之;上有篆文<u>八字</u>⑪云:"受命于天,既寿永昌。"(《三国演义》第六回)

(131) 这阊门外有个<u>十里街</u>①,街内有个<u>仁清巷</u>②,巷内有个古庙,因地方狭窄,人皆呼作<u>葫芦庙</u>③。庙旁住着一家<u>乡宦</u>④,姓甄名费字隐士。(《红楼梦》第一回)

(132) 感<u>盘古</u>①开辟,<u>三皇</u>②治世,<u>五帝</u>③定伦,<u>世界</u>④之间,遂分为<u>四大部洲</u>⑤:曰东胜神洲,曰西牛贺洲,曰南赡部洲,曰北俱芦洲。这部书单表<u>东胜神洲</u>⑥。

<<< 第六章　汉语空间顺序原则在各层次并列结构中的体现

海外有一国土，名曰<u>傲来国</u>⑦。国近<u>大海</u>⑧，海中有一座名山，唤为<u>花果山</u>⑨。（《西游记》第一回）

（133）"臣奉旨观听金光之处，乃东胜神<u>洲</u>①<u>海</u>②东<u>傲来小国</u>③之界，有一座<u>花果山</u>④，山上有一仙<u>石</u>⑤，石产一<u>卵</u>⑥，见风化一<u>石猴</u>⑦。"（《西游记》第一回）

（130）描写玉玺发现的过程，严格按照"尸首""装束""项下""锦囊""小匣""金锁""玉玺""镌饰""缺角""添补物""文字"从大到小的顺序进行描写。（131）描写甄士隐的住所环境，按照"十里街""仁清巷""葫芦庙""住家"从大到小的顺序描写。（132）是《西游记》开篇的环境描写，其中"盘古""三皇""五帝"按照时间先后顺序描写，而后按照"世界""四大部洲""东胜神洲""傲来国""大海""花果山"从大到小的顺序描写。（133）是千里眼顺风耳回禀中对环境的描写，也按照"州""海""国""山""石""卵""石猴"的顺序，从大到小描写而成。

在较长的语篇中，事物和景物描写中的空间顺序原则就更加明显。首先来看黄传惕的《故宫博物院》。故宫的特点是规模宏大壮丽、建筑精美、布局统一、风格独特。为了清楚地说明故宫的特征，该文按照空间顺序组织材料，首先按照从整体到部分、从南到北、从中间到两边的顺序，概括说明故宫建筑物的总体特征，然后具体介绍了前三殿、后三宫、养心殿、御花园等主要建筑，出神武门至景山作结。在介绍每一座建筑物时，又按照从外到内、从上到下的顺序，符合汉语"以尊为大""以大为大""以上为大"的空间顺序原则。再来看《雄伟的人民大会堂》。该文入选中学语文课本，其主要学习重点之一正是其合理的行文顺序。该文按照参观人民大会堂的空间方位顺序，先说外貌，后说内部；说明外貌时，先写整体，后写局部（东面正门）；说明内部时，也是先写整体布局，后写局部细节（万人大礼堂、宴会厅、办公大楼），完全符合空间顺序原则。

  本章选取反映汉语空间顺序原则在各个层次并列结构中的广泛应用情况，从并列式合成词的语素顺序、名词铺排与列举结构中的排列顺序以及描写性语篇的逻辑顺序三个方面，由微观到宏观，全面展现空间顺序原则在汉语中的广泛应用，把许多以往认为不相关的语序现象放在一条主导性语序原则下呈现出来。在并列式合成词的语素顺序方面，分别从表达辩证思想、尊卑观念和中医概念的词语三方面给出例证并加以详细分析，而后给出名词铺排现象和列举结构的相关例证并辅以阐释说明，最后辅之以描写性语篇的逻辑顺序的例证，从描写人物的语篇、描写事物和景物的语篇两个方面支撑本书观点。

第七章　汉语空间顺序原则的文化理据

Humboldt（1999）曾说，"每一种语言都是民族思维的历史积淀，折射出一个民族观察、感知和理解世界所独具的思维范式"。他认为，"……每一种语言里都包含一种独特的世界观"，"每种语言都包含着一部分人类的整个概念和想象方式的体系"。这些观点促使博厄斯创立了人类语言学，倡导把语言和文化结合起来研究，并被萨丕尔和沃尔夫继承和发展，形成了所谓"语言相对论"或"萨丕尔—沃尔夫假说"。该理论认为，语言对思维起着决定性的影响作用，思维相对于语言而存在，"语言类别根本不同的个体，其思维方式根本不同"。（沃尔夫，1956）

类似的观点也可以在中国传统文化中找到渊源。中国古代思想尊崇"天人合一"，而语言文字既体现天道，又表述人性，具有主体地位，在古代思想中扮演着重要的角色。刘勰在《文心雕龙》开篇《原道》中所说的"心生而言立，言立而文明，自然之道也"可以很好地阐释中国古代"文原于道"的基本语言观，自古以来传承至今的中华人文精神特点，与西方人类语言学关于"语言即世界""语言决定思维和世界观""语言、世界、思维、文化一体观"等主要观点并无二致。

蒋绍愚(1999)指出,"研究汉语的特性,不仅要深入考察汉语的现状,而且要深入考察汉语的历史。说'汉语如何如何'是不能不顾及汉语的历史的,否则得出的结论就难免片面。汉语悠久的历史和丰富复杂的历史演变是研究语言及其规律的极好材料"。作为研究语言理论的学者,注意汉语的历史,把二者结合起来进行研究。

语言与民族特性及其文化特征之间的关系十分紧密,对于语言的研究不能脱离对其民族历史文化和风俗习惯的研究。即便语言与文化之间不是完全一对一决定的等值关系,存在于语言之中的民族文化特征也是不容忽视的。探讨语言中顺序的规律必须从其植根的文化中探究其深刻本质。汉语空间顺序原则的提出就是在这样的文化背景下完成的。

第一节 语言与文化的关系[①]

关于语言与文化的关系,萨丕尔(1921,2011)曾指出,

[①] 本节内容承蒙北京外国语大学刘润清教授、陈国华教授指导,部分观点受惠于与北京大学社会学系郑也夫教授的讨论,感荷于他们的鼓励和宽容,在此一并致谢!

"语言的背后是有东西的。而且语言不能离开文化而存在。所谓文化就是社会遗传下来的习惯和信仰的总和,由它可以决定我们的生活组织"。

前人对萨丕尔的"语言—文化观"进行了大量的解读,但仍存在以下不足之处:一是对于萨丕尔所论述的"文化"概念缺乏清晰的认识,部分观点模糊不清甚至自相矛盾;二是多为理论层面对萨丕尔论点和论据的介绍和重复,鲜有通过汉语与其他语言对比的实例对萨丕尔的"语言—文化观"进行扬弃,更少有人站在萨丕尔的对立面,对其理论不足与缺陷加以剖析和改进。

一、萨丕尔的"语言—文化观"

爱德华·萨丕尔(Edward Sapir, 1884—1939)是美国著名的人类学家和语言学家,被公认为语言学学科发展初期最重要的人物之一,也是探索语言学和人类学关系最早的研究者之一。萨丕尔的研究重点是语言和文化相互影响的方式,他对语言差异与文化世界观差异尤其感兴趣。

20世纪末期,国内学者开始引介萨丕尔的学术观点,尤其是其关于语言与文化关系方面的论述。学界普遍认为,萨丕尔对语言和思维、语言和文化的关系都做了比较详细的阐释,主张语言影响思维以及不同的语言反映了不同的世界观。一般认为,他的思想后来被他的学生本杰明·沃尔夫(Benjamin Lee

Whorf，1897—1941）发展为所谓的"'萨丕尔—沃尔夫'假说"（Sapir-Whorf hypothesis）。申小龙（1990）认为"萨丕尔—沃尔夫"假说是20世纪语言研究一个富有魅力的语言人文主义课题，吸引了众多学者从人类学、心理学、语言学、社会学等人类思维与文化的各个不同角度去探究语言的奥秘。陈运香（2007）通过解析"语言相对论"中的文化观，围绕"语言和文化的主次""语言如何影响思维"和"语言文化对比研究的'个性'与'共性'"三个方面对语言文化对比研究问题进行思考。王亦高（2009）曾通过对所谓"'萨丕尔—沃尔夫'假说"中一些观点的阐释，以及对汉语与英语词汇及语法的举例比较，讨论中英文时空观的相异之处。

我们发现，学者们在谈及萨丕尔对语言与文化关系的理解时，往往会将其包含在"'萨丕尔—沃尔夫'假说"中，或者一笔带过，这种理解常常是简单的、片面的、绝对的（Lucy，1992；Gumperz and Levinson，1996；Puts and Verspoor，2000）。实际上，"'萨丕尔—沃尔夫'假说"这个提法本身就是有问题的。学术界在对某种观点、学说、定律等进行命名时，将两名或多名学者的名字并置是有前提条件的——他们的学术观点要一致，并且他们的学术关系要密切。历史告诉我们，沃尔夫从来就不曾是萨丕尔正式的"学生"，而仅仅是参加了一个研究生项目，名义上致力于语言学博士学位，但实际上只是满足于活跃在萨丕尔周围，并参与其学术活动圈子。此外，通过对

<<< 第七章 汉语空间顺序原则的文化理据

比萨丕尔和沃尔夫二人的观点,我们可以清晰地发现,萨丕尔对于语言与文化的关系这一问题是抱有十分谨慎的态度的,他承认二者存在关联,但又强调二者的关系并不是平行一致的;沃尔夫则在这条路上走得太远,甚至得出了许多(至少在目前看来)不那么缜密的结论。"'萨丕尔—沃尔夫'假说"这一提法是沃尔夫的朋友哈里·霍耶尔(Harry Hoijer, 1904—1976)提出的,他在萨丕尔和沃尔夫相继去世后,发现了沃尔夫生前留下的一些未发表的手稿,并在1954年在一本会议论文集中发表了出来,也正是在这本论文集中,霍耶尔(1954)首次使用了"'萨丕尔—沃尔夫'假说"这一术语。从学术角度来看,这是一个较为明显的不当用词,却在后人的反复使用中"发扬光大"。鉴于此,我们不妨将萨丕尔关于语言与文化关系的观点称为其"语言—文化观"。应当指出,萨丕尔的"语言—文化观"是具有其独立的研究地位和研究价值的。

前人对萨丕尔的"语言—文化观"进行了多维度的解读,但仍存在以下不足:(1)对于萨丕尔所论述的"文化"概念缺乏清晰的认识,部分观点模糊不清甚至自相矛盾;(2)大多在理论层面对萨丕尔论点和论据进行介绍和重复,鲜有通过汉语与其他语言对比的实例对萨丕尔的"语言—文化观"进行扬弃,更少有人站在萨丕尔的对立面,对其理论不足与缺陷加以剖析和改进;(3)缺少从历史的视角站在当时的历史背景中对萨丕尔的理论观点及其机理和诉求进行还原。

文化（culture）是一个内涵十分广泛且具有人文意味的概念。给"文化"下一个准确甚至精确的定义是一件非常困难的事情。科学是求真的过程，下定义是科学研究的必要手段，而想要给人文学科里面涉及人类社会生活的概念下一个明确的定义是一件不太轻松也不太明智的事情。当然，这并不是说要让"文化"的概念继续含混下去。与其孜孜不倦地探寻文化的精准定义，不如通过寻根溯源的方法观察"文化"一词的由来，通过寻找"文化"的对立面，找到一个更加恰当的对"文化"这一概念的理解方式。

英语中的"文化"（culture）一词源于古法语，其词源是13—14世纪的拉丁语cultura，词根是cultus，意为"培养，耕作"。可以看出，英语中的culture一词发生于农业生产中，又在发展中慢慢地从农业生产的语境中脱离出来，并形成了与nature（自然）的对立，指非自然的、人的事物。

在观察汉语的"文化"时，首先要注意汉语中"文化"的"文"与"文字"的"文"是同一个汉字，而汉字又是汉语重要的部件。从汉字的字源来看，"文"通"纹"，本义是指各色交错的纹理。《说文解字》中"文，错画也，象交叉"，《易·系辞下》中"物相杂，故曰文"，《礼记·乐记》中"五色成文而不乱"均是此义。"化"的本义为改易、生成、造化，指事物形态或性质的改变。西汉以后，"文化"才合成为一个词用，如西汉刘向所著的《说苑·指武篇》中有"圣人之治天

第七章 汉语空间顺序原则的文化理据

下也,先文德而后武力。凡武之兴,为不服也。文化不改,然后加诛"的记载,晋代的束晳在《文选·补亡诗·由仪》中也有"文化内辑,武功外悠"的说法,南齐的王融在其《曲水诗序》中写道:"设神理以景俗,敷文化以柔远。"由此可见,汉语中的"文化"的本义就是古代封建王朝所施的文治和教化,与天造地设的自然,或与无教化的"质朴""野蛮"相对。因此,在汉语系统中,"文化"的本义就是"以文教化",表示对人的性情的陶冶,品德的教养。"文"的出现象征着人这一物种与其他物种的分立。人把自己身上本没有的"文"通过包括化妆、文身、面具等形式装饰到自己的身上,用以美化、记录、象征,这正是人类符号化的起源。凡此种种图形不断规约化,进而产生了文字。

由此看来,英汉语中"文化"一词的意义是基本统一的,这为我们在英汉两种语境中共同讨论语言与文化的关系提供了可能。

萨丕尔(1921,2011)在其《语言论》的第10章(文化、种族和文化)中对"文化"的界定是比较模糊和混乱的,一方面将文化定义为"社会流传下来的、决定我们生活面貌的风俗和信仰的总体",另一方面又称"文化这名称的定义可以是:一个社会所做的和想做的是什么"。萨丕尔自己似乎也注意到这个问题,在三年之后写了一篇名为《真伪文化》的文章,专门探讨文化的概念问题,然而这篇文章并未得到足够的重视。

萨丕尔（2011）指出，"文化"这个术语"表面上区分了一些具有严格客观效力的概念，但实际上只标明了几个模糊的思想领域，这些领域随使用者的观点转变、缩小或扩大，其意义范围中包括了一些非但不协调，反而有些对立的概念"。本书认为，这正是目前围绕"语言与文化的关系"这一问题许多观点和论述杂糅不清的症结所在。同时萨丕尔也指出，在这些意义冲突的背后有着共同的情感基调。正是这种相对稳定的情感基调使得这些不协调的概念能够在同一名称下统一起来。我们对不同事物和关系的价值判断不同，但对一个概念的价值判断往往是相同的，这正是我们讨论这些概念的基础。萨丕尔认为，"文化"这个术语有三种主要的意义。第一种意义是"人们生活中的所有社会继承元素，包括物质的和精神的"，他指出这样的定义过于宽泛，许多原始人类的行为方式也会因此被包含进去，"文化"一词的范围会变得像人本身一样广泛。文化的第二种意义是"一个相当传统的个人修养的理想"，这种理想是经过筛选的，是长期被认可的，在不同的地方表现为不同的形式。萨丕尔认为第三种文化的意义"很难给出令人满意的阐释"，这种意义与第一种意义的相似之处是"强调群体而非个人所拥有的精神财富"，与第一种意义的相似之处是"强调其选择性"。然而，萨丕尔还是勉为其难地给出了一个对于第三种意义的解释："能够在世界上给予一个民族特殊地位的一般态度、生活观，以及文明的具体表现。"这一意义强调的不是某种行为或者信仰本身，而是这些行为和信仰对集体的作用和意义。萨丕尔认为，真正意义上的"文化"应该以上述"文化"的第二和第三种意义为基础，即可以代表一个民族文明的典型模式的理想形式。

我们可以将萨丕尔的"语言—文化观"概括为以下三点。

（一）语言与文化的分布并不一致，即三者的关系并不平行。萨丕尔认为二者在分布上的交叉十分频繁，每种语言和文化似乎都往往遵循其独自的进程，彼此关系不大。萨丕尔的这一观点得益于其语言学背景，更得益于其研究人类学的经历。人类学家对于一片未知自然领域的探索就是从研究人的种族、语言和文化这三面开始着手的。

（二）语言与文化的历史不能用种族问题来解释。萨丕尔断言，种族对语言和文化的历史是毫无影响的，并指出这一观点很难被种族主义者所接受。萨丕尔的这一观点是有所指的。1921年6月29日，阿道夫·希特勒任纳粹党党首，开始宣扬纳粹主义、反共产主义、反资本主义、反犹主义，在大萧条时期赢得了很多狂热分子的支持。而当我们查阅萨丕尔的生平时，我们发现他1884年1月26日生于德国劳恩堡，父亲是来自德国的犹太移民。萨丕尔的学术观点很难不受到当时历史大背景的影响。

（三）语言与文化在某些方面也是相关的。萨丕尔在"语言、种族和文化不一定相关"的基础上进一步明确"这并不意味着他们从来/永远不相关"。他认为种族和文化的一些倾向正与语言学有关，虽然关系并不如人们想象的那么重要。

前人的部分研究似乎与上述结论背道而驰。例如，萨丕尔的《语言论》汉译本第10章"语言、种族与文化"的首句"Language has a setting"译为"语言有一个底座"（1921，2011），这是一个明显的误译，也在一定程度上造成了人们对萨丕尔"语言—文化观"的误解。"底座"（base）一般是指通过接触对其上的事物提供支撑作用的物体，底座与被支撑物的关系显然是一一对应的，而且是牢固的、密不可分的，这显然与前文中提到的萨丕尔的观点相悖。按照萨丕尔的说法，语言与文化和种族不存在平行的对应关系，它们的疆域版图是不相关的，它们的历史发展也不存在相同或相似的路径，语言是没有"底座"可言的。根据下文"The people that speak it belong to a race (or a number of races) ... language does not exist apart from culture..."我们可以清楚地看出，萨丕尔此处所谓的setting并非"底座"（the position in which you put the controls on a machine or instrument）之意，而应是"背景"（the place where something is or where something happens, and the general environment）之意。说语言的人一定有其种族，因此语言一定有其种族和文化的"背景"。罗常培（1950，2011）将这句话解释为"语言的背后是有东西的"似乎更好一些。诚然，想要翻译好萨丕尔的《语言论》确实是不容易的。陆志韦在该译本の序言中也指出这本书"文字晦涩","个别地方我也不敢说完全理解了他的用意,只能勉强忠实地翻译。结果是有一些译句既不十分信,也不十分达。"

二、语言与文化领域几对易混淆的概念

"语言与文化的关系"这一问题讨论至今,应该不会有人认为二者毫不相干。人们的分歧主要在于,文化在多大程度上与语言有关,文化与语言的哪些方面有关,以及文化与语言相互影响的结果是什么。这就需要对以下几组容易混淆的概念加以界定。

(一)语言与语言学。萨丕尔从来没有否认语言学对于文化研究的重要性——他自己的研究路径就清晰地证明了这一点。萨丕尔(1929)明确指出,语言学对于文化研究具有重要的价值,从某种意义上讲,一种文明的文化样式可以从其语言中索引。要想了解一种文明的脉络,单纯观察其文化现象是走不通的,必须借助其语言符号来凸显其文化特征。他说,语言可以定义为"文化的符号向导",必须从文化产物和社会产物的角度去理解语言。语言学与文化研究的关系十分紧密,但绝不能将这种紧密的关系简单地套用在语言与文化上。

(二)语言与言语。萨丕尔把"文化和个性的关系"作为语言人类学研究的三个方面之一,这说明他也注意到这个问题。文化对作为整体的"语言"的作用显然是更加强烈的,语言不仅为其使用者提供一种表达世界观和思想习惯的合适的手段，也排除了所有其他思想方式存在的可能性。但当这种影响加载到这个民族的具体个体身上时，发生变异的可能性就要大得多，这是因为，个体可以通过深入思考、接触外语，甚至灵光乍现的方式来意识某个特定概念的存在，而这样的事情发生于整个民族则是不可能的。因此，不能因为文化在对言语影响过程中的失位，就否认文化对语言造成影响的可能性。

（三）文化与知识。英语使用者早期不知道"饺子"是什么，也无法使用其语言来命名，原因并不在于其语言本身有什么问题，而是在于他们从来没有看过或者吃过"饺子"，缺乏对于"饺子"这一事物的认知。在他们见到"饺子"、吃到"饺子"，让"饺子"进入他们的认知世界之后，他们一定可以找到一种合适的说法来指称"饺子"，无论是 Chinese dumpling、ship-like dumpling，还是干脆就叫 jiaozi。西方人不懂什么是"三个臭皮匠，顶个诸葛亮"、什么是"上坟烧纸"，正如中国人不懂什么是"Achilles' heel（阿喀琉斯的脚踵）"、什么是"Pandora's box（潘多拉盒子）"，这些都是知识问题，而不是文化问题。在了解彼此所掌握的知识之后，他们都可以灵活地运用上述方式进行思考和表达。

（四）语言内容与语言结构。前人已经找到不同文化背景中语言差异的许多例证。萨丕尔的老师博厄斯（Franz Boas, 1858—1942）的例子最为著名。博厄斯（1911）发现爱斯基摩人的语言中有多种表示不同形态的"雪"的词汇，而其中又不包含相同的词根或词缀，如 aput（地上的雪）、qana（正飘下的雪）、piqsirpoq（堆积的雪）、qimuqsuq（雪堆）等。其实，我们不必舍近求远，英汉语中的这种例证比比皆是。例如，英语中有多种表示不同功能的"车"的词汇，其中不包含相同的词根或词缀，bus（公共汽车）、taxi（出租车）、truck（卡车）、ambulance（救护车）。同样地，汉语中有多种表示亲属关系中与自己同辈（cousin）的词汇，用字却不尽相同："（父亲一方）：堂哥、堂弟、堂姐、堂妹（父亲兄弟的孩子），姑表哥、姑表弟、姑表姐、姑表妹（父亲姐妹的孩子）；（母亲一方）：舅表哥、舅表弟、舅表姐、舅表妹（母亲兄弟的孩子），姨表哥、姨表弟、姨表姐、姨表妹（母亲姐妹的孩子）。"然而，需要注意的是，以上这些例子只能说明文化可以对语言的词汇（内容）产生影响，并不能说明文化可以影响语言（结构）本身。当我们对比英语的"as scared as a rabbit"与汉语的"胆小如鼠"、英语的"as strong as a horse"和汉语的"力大如牛"时，我们并不是在对比语言本身，而是在对比语言的内容，即两种语言把什么当成"胆小"和"力大"的代名词，这样的问题在萨丕尔看来对于语言学家而言是毫无吸引力的。

三、文化对语言的多维影响

萨丕尔（1921）认为，文化是一个社会的行为和思考的内容，而语言则是思维的方式，语言根本不涉及内容的变化，只是形式上的变化。在萨丕尔看来，完全可以通过改变一种语言的声音、文字，甚至概念，而其内在的思维却一点儿也不受影响。语言就像一个固定的容器，至于里面装上水、泥灰，还是熔化的金子对容器本身毫无影响。语言对思维只有"塑形"作用，这种作用只会制约思维的形式，而不会改变思维的内容。思维作为一种流体，可以在语言的管道中以各种形式存在，而不影响其内容。语言的内容与文化密切相关，但这不是语言学家应该关注的。语言学的研究者一定要把"语言"和"语言的（词汇）内容"二者分开。

在这一问题上，本书与萨丕尔的看法不尽相同。内容是事物存在的基础。形式是内容的存在方式，是内容的结构和组织。内容决定形式，形式依赖于内容，并随着内容的发展而发展；形式又作用于内容，影响内容。没有无形式的内容，也没有无内容的形式。内容与形式互相联系、互相制约，是辩证的统一。正如不能脱离容器和形状来谈论水一样，人们不能脱离语言的形式来谈论语言的内容，不能脱离语言来谈论文化或者思维，体现在现实生活中，就是人们无法脱离名称来谈论事物。语言是对客观世界的编码，不同的语言采用不用的方式对客观世界进行编码，体现出内容和形式上的差异，文化对其中内容方面的差异具有决定作用，对其中的形式差异亦应该有所影响，虽然这种影响是间接的、相对微弱的。"文化—词汇意

第七章 汉语空间顺序原则的文化理据

义—语言结构—思维"形成了一个完整的统一体，从内容到形式存在着一定程度上的相互影响作用。

文化不光对语言中的概念（ideational）因素存在影响，对主观（subjective）因素也同样存在影响，只不过相对而言没有那么强烈。文化的差异性并不会影响语言的功能性，只会影响语言的清晰程度、具体程度和准确程度，但这些程度上的影响足以改变语言的主观因素。举例来说，在许多语言当中都存在着一些无法从其他语言中翻译过来的词汇，这些词汇往往反映当地人的某种文化特性。德语中的 Waldeinsamkeit 表示"独自一人身处森林的孤独感"，因纽特语的 Iktsuarpok 表示有客人即将来访的预感，日语中的"木漏れ日"用来形容"阳光穿过树叶时形成的筛状光线"，印度尼西亚语的 Jayus 则表示"不好笑却由于某种原因不得不笑的笑话"。我们虽然可以通过描述、解释甚至类比等手段，用汉语把这些词汇的意思尽可能地表达出来，但不能否认的是，这些词语是我们汉语使用者很难完全准确理解的，也是很难用汉语翻译出来的。正如尼采所说："单词表达了一样事物同另一样事物的关系，要不就是同我们的关系。它们其实永远没法触及真正的真相。"[1] 我们用不同的"关系"来代替无法触及的"真相"，这种差异就是文化对语言中的主观因素影响的体现。

---

[1] "Words are but symbols for the relations of things to one another and to us; nowhere do they touch upon the absolute truth."

125

文化对语言的结构（structural）因素也存在着影响，这种影响虽然并不是直接的，但绝不可以忽视。比如，在某次记者会上，某国记者向我国外交部长发问"我来自一个小国，能否问部长一个问题"，部长可以用"山不在高，有仙则名"这样的方式来表达自己的观点，在这里它的意义本身并不重要，重要的是这样的文学语句在这样的语境下可以向其传达"国家无论大小一律平等"的思想以及对这名记者提问的允准。这样的语言结构是无论如何也无法在其他语言中得以还原的，即便可以找到对应的语言结构，其功能也无论如何无法表达出来。当然，我们应当承认，文化对语言结构因素的影响主要发生在语言的早期即形成期，一旦语言的结构确定下来，文化再对其产生影响的希望就很小了。

与此同时，我们不难提出这样的问题：语言是否也会反过来影响说这种语言的文化呢？在排列同类事物时，英语习惯按首字母顺序排列，例如"Arabic, English, French, German, Japanese, Korean, Russian, and Spanish and Thai"，而汉语则习惯依照"重要—非重要"的次序，例如"英、法、德、西、俄、韩、日、阿、泰"。这种排序方式的差异来源于其语言性质本身的差异。英语字母具有一定的排列顺序，这就为按客观的词序排列事物提供了可能。而汉语是象形文字，语言本身并不提供某种天然的且易辨识的排列方式——以笔画的数量与顺序为序显然是不经济的；汉语拼音一方面出现的时间太晚，另

第七章 汉语空间顺序原则的文化理据

一方面也与汉语的本质不相符合。"不幸的"汉语只能选择非客观的因素——"重要性"来进行语序的排列。因此，我们可以说，英汉两种语言在排列事物时采用的不同顺序就源自各自的语言属性。然而，这种排序方式的差异是否又在一定程度上影响使用者的文化呢？汉语民族的封建皇权等级思想和英语民族的三权平等分立体制是否与此有关呢？另外，语言的模糊性让语用推导（pragmatic inference）在汉语中显得尤为重要，这种"说者灵活、闻者模糊，说者省力、闻者费力"的语言形式是否最终导致了汉语民族在整体上呈现出（不得不）善于捕捉弦外之音的特质呢？这些问题都有待我们进一步考究。

萨丕尔与沃尔夫的"语言—文化观"具有明显差别，"萨丕尔—沃尔夫假说"这一术语的内涵并不明确。通过对萨丕尔"语言—文化观"的阐释，对多组语言现象实例的分析以及对"语言与语言学""语言内容与语言结构""语言与言语""文化与知识"等几组概念的辨析，可以还原萨丕尔"语言—文化观"的提出缘由和理论诉求，并证实文化对语言的概念因素和主观因素均存在影响，对前者的影响是直接的、相对显性的，对后者的影响是间接的、相对隐性的。

萨丕尔最大的贡献之一在于强调了语言学作为人文社会科学的本质属性，即强调语言的社会性，他告诉我们不仅要做语言的形式描写和分析，更要重视语言所处的文化环境和社会背景。萨丕尔尊重语言事实，在论述中善于引用语言实例，这在当时美国结构主义的大背景之中显得尤为难得，也引领了语言研究的新方向。我们应当早日从"'萨丕尔—沃尔夫'假说"的术语谬误中解脱出来，尊重萨丕尔"语言—文化观"独立的研究地位和研究价值，通过更多相关近似概念的辨析和跨语言的实例分析，探究文化对语言影响的方式和程度，为揭开语言与文化的关系这一奥秘不断地探索下去。

第二节　汉语民族的时空认知方式及其整体思维特质

一、汉语民族的时空隐喻偏好

人类生活在三维空间之中，常用"前后""上下""左右"分别描述三维空间里的三条基本轴线，传统时空隐喻研究充分考察了其中前后轴线和上下轴线与时间表征之间的关系，发现在汉语和英语中，前后轴线都常用来表征时间顺序（Boroditsky，2001；吴念阳等，2007；Boroditsky等，2011），但在汉语中，除前后轴线外，上下轴线也可用来表征时间顺序（Boroditsky，2001；陈燕，黄希庭，2006；蓝纯，1999；崔靓，王文斌，2019a），其中"上"用来表达较早或过去的时间，如"上午""上周""上半年""上个世纪"等，"下"则用来表达较晚或未来的时间，如"下旬""下月""下半辈子""下个星期"等。Fuhrman 等（2011）指出，使用上下轴线来表征时间顺序是汉语的特质。张建理和丁展平（2003）认为，汉语民族纵向维度的空间概念结构转换成时间概念时在语言上留下了很深的烙印。

其实，汉语除了可将时间隐喻为横向维度或纵向维度的空间概念之外，甚至可用多种具体事物来代指时间，这是英语所不具备的。

（134）a. 时间很紧。

b. *Time is tight / narrow.

（135）a. 时间宽裕。

b. *Time is wide / broad. ①

（136）a. 星霜　　光阴　　旦夕

b. *star and frost　light and darkness　sun and moon

（134）a、（135）a 中，汉语用来修饰空间概念的"紧"与"宽"也可用来修饰时间概念，而（134）b、（135）b 英译文中的时间概念则不能使用 tight / narrow 或 wide / broad 来表达。（136）a 中，"星霜"原指"星辰"与"霜露"，"光阴"原指"明亮"与"阴暗"，"旦夕"原指"太阳"与"月亮"，

---

① 英语中虽有 a tight timeline 和 a wide timespan 等表达，但其中的 tight 和 wide 修饰的是 line 和 span 而非 time。以 timeline 为例，《朗文当代英语词典》（*Longman Dictionary of Contemporary English*）释义为 a plan for something when things will happen or how long you think something will take，即 timeline 的核心语义是 plan，而不是 time。

它们都可用来借指"白昼"与"黑夜",从而表示"时间的推移"。若将它们直接英译为(136)b,则不能表示时间义。这样的例子在汉语成语中也并不罕见。如:

(137) 浮云朝露　见缝插针　天荒地老　电光石火

(138) 风烛残年　跳丸日月　尺璧寸阴　光阴似箭

(137)用"云""露""针""天""地""电""光""石""火"等具体事物来隐喻时间,把时间和具体事物紧密联系起来。"浮云朝露"用飘浮的云彩和清晨的露水来比喻时光易逝、人生短促。"见缝插针"比喻抓紧时机,尽量利用一切可以利用的时间、空间。"天荒地老"指历时久远。"电光石火"用闪电的光、燧石的火比喻事物瞬息即逝,现多形容事物像闪电和石火一样一瞬间就消逝,亦用作比喻行动迅速,出手先制。可见,这些成语都是用具体事物来比喻时间。(138)把时间词与表示其他具体事物的词语并置,如"风烛残年"把"年岁"和"灯烛"并置,指像风中的蜡烛,随时可能熄灭,比喻临近死亡的晚年;"跳丸日月"把"日月"和"弹丸"并置,用跳动的弹丸形容时间过得极快;"尺璧寸阴"把"光阴"和"尺璧"并置,意指日影移动一寸的时间价值比径尺的璧玉还要珍贵,极言时间可贵。"光阴似箭"把"光阴"和"箭矢"并置,意指时光像射出去的箭,比喻时间流逝迅速。

<<< 第七章　汉语空间顺序原则的文化理据

表7.1　汉语时间词的时间概念和物象概念

时间词	概念类别	具体含义	英文释义
日	时间概念	一日	a day
	物象概念	太阳	the sun
天	时间概念	一天	a day
	物象概念	天空	the sky
月	时间概念	月份	month
	物象概念	月亮	moon
年	时间概念	年份	year
	物象概念	年兽	Nian, the monster
岁	时间概念	年岁	age
	物象概念	岁星①	Jupiter
夕	时间概念	傍晚	dusk
	物象概念	半月	half-moon

同时，汉语中许多时间词兼具丰富的时间概念和空间概念，例如"天"既可指"今天""白天"等时间概念，也可指"天空""天棚"这样的空间概念；"后"既可表示"后天""后代"这样的时间概念，也可表示"后门""后排"等空间概念。此外，汉语中还不乏"目前""眼前""手上""眼下""眼底下""目下""脚下"等借由空间概念表示时间概念的语例。

---

① 岁星即木星。

131

空序律——英汉时空性差异视角下汉语的空间顺序原则 >>>

表 7.2 汉语时间词的空间概念和时间概念

时间词	概念类别	语例
天	时间概念	今天　每天　第二天　忙了一天 白天　三天三夜　五更天　天越来越长了 春天　三伏天
	空间概念	天空　顶天立地 天棚　天窗　天桥 天气　天冷了 天然　天生　天性　天资　天灾　人定胜天
前	时间概念	从前　前年　向前看　前无古人 前政务院 前程　前景　向前看 目前　眼前　当前
	空间概念	前方　向前走　勇往直前 前排　前三名
后	时间概念	后天　日后　后辈　先来后到 后代　后世　无后
	空间概念	后门　后屋 后排　后十五名
上	时间概念	上卷　上次　上半年 王冕七岁上死了父亲 手上
	空间概念	上部　上游　往上看 上等　上级　上品　上谕 上书　上缴　上升 上场　上山　上楼　上车　上街 上菜　上药　上货　上刺刀　上螺丝　上颜色

132

<<< 第七章　汉语空间顺序原则的文化理据

续表

时间词	概念类别	语例
下	时间概念	下次　下半年　下不为例 眼下　眼底下　目下　脚下 时下　节下　年下　一下子
	空间概念	下游　下部　山下　往下　看 下等　下级　下策　下品 两下都同意　往四下一看 下达　下行 下山　下楼　顺流而下　坐下　躺下 下雨　下棋　下战书　下馆子　下面条　下本钱 下网捞鱼

现代汉语常用"一炷香""一盏茶""一顿饭"来代指"燃尽一炷香""喝完一碗茶""吃完一顿饭"所用的时间，并不使用"燃""喝""吃"等动词。如若翻译成英文，这些表达则通常需要加上动词变为动宾短语，如"一炷香的时间"表述为 the duration of burning a joss stick。

在英语的概念隐喻中存在大量的时间隐喻，但无论是本体隐喻还是结构隐喻，大多情况下仍使用时间词作为本体，而通常不能直接使用相关喻体，即英语可以将时间当作物质、人、金钱等来看待，对此，Lakoff 和 Johnson（1980）已有详细论证，但是，英语不能以这些概念来直接称谓时间。如 He trenched on my time./ True friendships stand the test of time./ Time and tides wait for no one. 同时，英语中的 month 与 moon 虽然同根，但不同形，与汉语中的"月"既可指事物又可指时间

133

仍存在区别。另外，month 是英语时间词的特例，而 day、year 等其他时间词却均没有这样的属性。

二、汉语民族的时空观

Wierzbicka（1979）强调，每种语言在其结构中都能体现某种特定的世界观，也就是说，一个民族的语言往往能够彰显这个民族的思维特质。季羡林（2009）曾指出，西方印欧语系的语言与汉语是不同的，而造成不同的根本原因就在于东西方思维模式的不同，因此，我们需要从东西方思维模式差异的角度来把握汉语的特点。徐通锵（2005）也曾指出，处理语法与语义的关系，就要把握语法结构与思维方式相互联系这一角度，去探索两种语法形成的异同。语言的表达方式很大程度上会受到人的思维方式的影响，更会受到于人所处的文化环境因素的影响。不同的语言有着不同的表达方式，其所形成的概念也会受到不同程度的影响。语言是现实的编码体系，也是民族思维方式的重要标志之一。潘文国（2006）曾将语言对比划分为三个层次，即表层的语言结构对比、中层的语言表达法对比和深层的民族思维对比。

汉语民族在通过空间概念来感知、理解并描述时间概念的过程之中，在具体表达形式上呈现出富有意义的特点，形成了独特的时空观。汉语用具体事物来代指时间的用法很可能来源于古人计量和感知时间的方式。大约在西周以前，人们就已经

<<< 第七章 汉语空间顺序原则的文化理据

开始使用"铜壶滴漏"的方法计时。漏刻是中国古代最重要的计时工具,"漏"指漏壶,"刻"指箭刻,即由漏壶水面的高低,通过箭刻的标度来标示时间。到了汉代,在使用"百刻制"的同时,人们又采用以圭表测量太阳射影长短来判断太阳方位的方法来计量时间。据顾炎武《日知录》记载,"自汉以下,历法渐密,于是以一日分为十二时,盖不知始于何人,而至今遵而不废……曰夜半者即今之所谓子时也,鸡鸣者丑也,平旦者寅也,日出者卯也,食时者辰也,隅中者巳也,日中者午也,日昳者未也,哺时者申也,日入者酉也,黄昏者戌也,人定者亥也。一日分为十二,始见于此",对古人观天象以计时做出了解读。《礼记·月令》所载"是月也,鹿角解,蝉始鸣,半夏生,木槿荣",也是通过观察自然现象来感知季节的到来。由此可见,中国古人获取时间的方法是"观象授时",通过观察而形成认知天象、物候、时令、自然变化规律的时间知识体系,将发现的天文秩序反映在皇历历法上,并依此总结出"四时""八位""二十四节气""七十二候"等重要概念。皇历中普遍采用由十天干和十二地支相配而成的"干支纪年法",后来又用十二种动物与之相合,成为中华文化所特有的"生肖属相"。同时,干支也用在纪年、纪月、纪日、纪时上,如用干支来计算人诞生的日期,从而得出"生辰八字"。刘文英(2000)认为,中国古代时空理论的特色和贡献之一,就是从"物"的变化把握时空的标志和量度,非常注意阴阳消长和

各种星象、物象的特征。张开焱（2021）通过对中国上古神话史的研究，也得出中国文化时空观具有"先空后时""以空统时"的空间优势型特征的结论。语言具有民族性，汉语民族偏好空间性思维（王文斌，2019）。汉语通过"观物—取象—择言"，将时间概念纳入空间概念，成为一个次类。空间概念是中华文化的基底概念，含纳时间概念，这是汉语民族观察、感知客观世界并对其概念化的主导性观念。

中国被称作"礼义之邦"，中国文化中"礼"的概念渗透在社会生活的各方面。在中国天人合一的文化里，礼最早来自祭祀。据《说文解字》记载："礼，履也。所以事神致福也。""礼"的实质是对天地神明的敬重，对天人合一的向往。于春海（1998）指出，中国古代哲学的阴阳理论追求并崇尚阴阳统一，即平衡、和谐，而宇宙万物的运动实现稳定和谐的前提是处于上下清楚、层次分明、名位有序的状态。汉语民族以空间作为理解世界的基本概念，并在长期生产生活中以"礼"对事物的位次顺序进行规约，形成了对于空间顺序的共同认知，并逐渐固化下来，已具有相当强的稳定性，在中国传统文化现象中有非常丰富的体现。以建筑为例，中国传统住宅中有许多都是围合的院落形式。合院住宅在中国有久远的传承历史，其中北京四合院是最典型的一种，无论规模大小，都强调中轴对称、正厢分明、格局方正对称、空间尊卑有序。汉语民族的这种空间观在汉语结构中有直接、深入、多层次的体现，其中最

<<< 第七章　汉语空间顺序原则的文化理据

为明显的就是其空间顺序象似性语序原则，在汉语中具有主导性地位，是汉语民族对空间事物位序的规约，其背后所蕴含的是顺应自然秩序。

李约瑟（2017）曾称赞中国文化对时间概念的清晰认识，他引用卜德（Derk Bodde）的观点，认为中国人尤其关注人类的时间概念，中国人对时间的感知方式与此密切相关，中国人认为所有人类事件都应当嵌入时间框架当中。这样做的结果就是大量中国史学著作和历史材料构成了一个不可分割的整体，记载了全部的历史。

汉语民族独特的时空观来源于"象思维"。其实，"象思维"是人类最本原的思维，是前语言、前逻辑的思维，富于原创性，是对中国传统思维本质内涵和基本特征的概括，首先就体现为《周易》中提出的"观物取象"和"象以尽意"，易、道、儒、禅经典也都主要是"象思维"的产物。王树人（2006，2007）按照《易经》的主张，先有象，才有辞。"易"指"变化"，而"变化"是在"象"的基础上产生的，《易经》的八卦及其六十四卦就是以现实客观事物为基础对天地万物的摹写，是对"象"的变化规律的总结。中国传统思维中的象思维很发达，在思维过程中也保持着具象性，以"象"作为工具来认知、领悟、模拟客体。象思维系统对中国人的思维起到了重要的指导作用。若从"推天道以明人事"的大视野来把握汉语这个整体不可分割、不定格、变化、关联、有形无形相通、主客体相融的统一体对象的最佳审视形式,那么"象思维"一定是不二之选。

（139）豺狼虎豹　柴米油盐　魑魅魍魉　风霜雨雪　鸡鸭鱼肉　牛鬼蛇神

（140）风花雪月　虎头蛇尾　鸡毛蒜皮　水月镜花　声色犬马　东风马耳

以上成语均由名词构成,是汉语通过"观物"来"取象"进而"择言"的典型代表。（139）通过列举同类事物来完成对这一类事物的代指,如"柴米油盐"泛指一日三餐的生活必需品,"风霜雨雪"表示种种艰难困苦,"牛鬼蛇神"比喻社会上形形色色的坏人。而（140）所择之言并不包含任何逻辑语义关系,通过字面义无法理解其所表达的含义,如"风花雪月"常用来代指爱情之事,"虎头蛇尾"多指有始无终,而"东风马耳"则是说把别人的话当作耳边风。

以沈家煊（2016）的"大名词观"看,"大名词"就是"象",传统意义上的名词（物象）和动词（事象）都是大名词（象）的次类。沈家煊（2016）提出的"名动包含"说也可借由汉语民族的整体时空观加以证明。汉语以名词为本,动词属于名词,名词包含动词,这一语言维度的现实与汉语民族"时间属于空间,空间包含时间"的思维观念是相一致的。汉语民族的时间概念包含于空间概念之中,在语言中则体现为事

<<< 第七章　汉语空间顺序原则的文化理据

件（动作）包含于名物之中。

语言并不只是思维的外壳。人类并不是先有了思维，再给它穿上语言的外衣，而是在用语言去思维。语言与思维是互为表里的。每一种语言都意味着一种思维方式，使用某种语言就意味着相应思维方式的启动。一个民族的语言必然可以体现出这个民族的思维规律，揭示出汉语以空间顺序原则为主要特征的语序规律，可以帮助我们进一步了解汉语民族的思维特质。本书对"象""礼"的探讨也证明，汉语民族文化所强调的序列感也反映在汉语民族的思维特质及其语言中。英语中的"事"通常是"事件"而不是"事象"，把"事"看作"事象"是中国人的思维特质。比起西方理性的概念思维，具有鲜明悟性特征的"象思维"是更符合人类本原性的思维。对汉语中"象思维"的探究可以帮助我们从思维方式上进一步揭示汉语的本质特征，对汉语及其语序本质规律的考察也可以反过来帮助我们窥见中华民族思维的特质。

学科的理论特色往往由思维方式彰显，象思维是最具原创性及特色的中国传统思维方式，汉语语法中的象思维烙印亦十分清晰。自《马氏文通》起的汉语语法研究似失其本真，罔顾汉语特点，对抽象思维独沽一味，盲目崇拜，却对象思维漠然置之。由于西方语言学的影响，我们似乎已经习惯于标准化的思维方式。试图用印欧语的语法框架来描写和解释汉语的语法现象，结果很可能是旧问题未解，又出新问题，例外比规则还要多。不同语言都是人类文化的产物,正因为其存在类型上的差异,文化的互补才有可能。如果套用楼宇烈等(2016)的说法,我们可以说,以西方语言学为标准解读汉语,就不可能了解汉语自身的特性,结果往往是在解构汉语。我们不能削足适履,而要量体裁衣,只有这样才能理解汉语所代表的中国文化本身的价值观念和思维方式,发现其价值和意义,也才能更好地选择性吸收西方语言学的精华。

海森堡指出,在人类思想的发展史里,成效最为显著的发展几乎总是出现在两种不同思想的交汇之处(卡普拉,2016)。徐通锵(2005)指出,印欧语以概念、判断、推理为基础的思维方式可以称为推理性思维,而隐喻式思维则可以称为直觉性思维。这是两种不同的思维方式,各有自己的用武之地,需要"防止把某一种认识方法过高地评价为唯一可能的方法"。就语言研究来说,推理是思维方式擅长于语法分析,而隐喻式的思维方式擅长于语义研究。如何将两种思维方式结合在一起对语言进行深层次的研究,突破语义与语法壁垒分明的界限,这是今后语言研究需要解决的一大重要问题。现代语言学的思潮已经表明,语言研究的发展方向已明显地向语义倾斜,因此研究汉语社团的思维方式和语义研究的关系,可能会对丰富和补正普通语言学的理论和方法产生重要的作用。

三、汉语民族的整体思维特质①

中国人尊重整体意识，崇尚整体思维。龚鹏程（2009）剖析了中国社会的肌理与文化法则，认为中国传统社会呈现出"文字—文学—文化"一体性的结构关系。连淑能（2010）在对比分析中西思维方式时指出，我国先民的小农经济是整体性思维（holistic thought）和注重整体的关联性（correlativity）的根源。刘长林（2011）认为，《易经》艮卦的卦辞"艮其背，不获其身，行其庭，不见其人，无咎"就反映了汉语民族将整体观视作事物的本质和主旨的思想。王文斌（2019）指出，"中国哲学是一种空间导向性的思想，整体性思维方式是这一哲学思想的具体体现。整体观贯穿于中国古代哲学的整个发展史，时空统一、天人合一等思想正是这种整体观的最好注解"。

实际上，中国传统哲学的整体观不只体现在时空这一对概念上。不论儒家或道家，都强调整体的观点，即认为世界是一个整体，天和地是一个整体，人和物也都是一个整体。《易经》强调"观其会通"，惠子说"泛爱万物，天地一体也"，庄子称"生死存亡之为一体"，汉宋儒家更是宣扬"天人合一"。尤其是"大一统"的思维方式自西汉形成以后，更使全国人的思想产生了一种趋同性，所谓"人同此心，心同此理""人心

---

① 本小节部分内容曾受教于首都师范大学封一函教授，感蒙师恩，在此致谢！

所向"指的正是这种趋同心理,也正是这种趋同心理使中华民族无论历经千灾万难,都不至于瓦解。"大一统"的思维方式对中国古代社会乃至现代社会都有着很大的影响,是公认的中华民族的民族精神和传统观念。

中国人把时间和空间结合在一起的东方时空观,以及其背后更为普遍的整体观是很先进的。西方文明对时间和空间的认识在相对论提出以前一直是相互割裂的(郭熙煌,2012)。我们可以很明显地看出,汉英民族的"整体—部分"关系存在较大差异。因此,用切分、多维度、转喻等方法对待汉语的逻辑,恐怕无法窥其全貌。在中国传统文化中,天人合一、天下为公、兼容并蓄、求同存异的观点随处可见,这也为中国人的整体时空观奠定了基础。

汉语民族认为,部分相加不等于整体,具有比较明显的格式塔心理特征。汉语民族的整体性思维特质可以用格式塔心理学解释。"格式塔"是德文"整体"(Gestalt)一词的音译。格式塔心理学又称完形主义或完形心理学,是西方早期心理学派之一,也是西方现代心理学的主要流派之一,于1912年由惠特海默(Max Wertheimer)、苛勒(Wolfgang Köhler)和考夫卡(Kurt Koffka)三位德国心理学家联袂创立。格式塔心理学理论体系反对元素分析,注重完形—整体组织。20世纪30年代后,格式塔原理和应用研究逐渐得到美国心理学界的广泛认同,在各心理学流派中均展现出较强的生命力。

<<< 第七章　汉语空间顺序原则的文化理据

　　与冯特的元素主义观点有所不同，格式塔心理学认为，心理是一个不可拆分的整体，而不是各个部分的简单合并。其强调经验和行为的整体性，反对构造主义的元素分析和行为主义"刺激—反应"公式，认为整体不等于部分之和，每个整体都有其自身所独有的意义，部分的性质取决于其所在整体的性质，并依赖于其在整体中的关系、位置和作用。可以说，"整体观"贯穿于整个格式塔心理学体系之中，无论对于微观的个体心理现象的观察，还是对于宏观的团体活动规律的考察，格式塔心理学都十分注重各成分之间的互动性与系统性。

　　考夫卡（1935）认为，"我们自然而然地观察到的经验，都带有格式塔的特点……每一个人……都是依照组织律经验到有意义的知觉场的"。这些组织原则包括图形与背景、接近性和连续性、完整和闭合倾向、相似性、可转换性和同向运动性。可以说，格式塔心理影响下的经验完形是汉语使用者的惯常做法。张岱年、成中英等（1991）也揭示了中国传统思维的整体、综合、直觉、意象等偏向，指出这与西方思维的局部、分析、推理等特征有明显不同。

　　从格式塔心理学的观点来看，整体观是中国古代哲学最基本的世界观和方法论。在这一观点下，个体事物的首要属性是其与其所处整体的空间关系。中国哲学偏重于对事物空间关系的考察，反映出中华民族强调空间性的思维特点。

　　不少西方学者对中国人的整体思维产生兴趣。其中，彼得·柯文尼和罗杰·海菲尔德（1995）的叙述很精当，他们认为，虽然多数科学家拥护简并派，但从贯穿整个科学的角度来看，有需要把宇宙作为一个整体来看待，并采用一种更为综合的观点。他引用作家托夫勒所做的评论指出，当代西方文明最为高度发展的技巧之一就是分析，即把问题分解为组成它们的最小单元，精于此道，并为此津津乐道，却常常忘记把这些支离破碎的片段拼合回去。显然，我们需要一个新的理论更为深入地理解时间。无法避免的是，由于过分强调极简的或者理想化的模型，传统物理学家所普遍采用的传统方法，即使用来解释日常现象，也显得过于狭隘。我们必须认识到，现实世界具有内禀复杂性，这一根本复杂性决定了我们需要接受根本性的概念更新。

需要指出的是，中国文化的整体和谐绝非消极，和谐是由各种对抗过程间的复杂平衡造成的。哈肯（H. Haken）受到了中医等东方思维的启发创立了协同学，这与中国古代思想的整体性观念有着深刻的联系。

卡普拉（2016）归纳了近代科学的六个新观点，并强调它们都可以在东方传统思想中寻找到类似观点，其中第一个就是整体和部分关系，强调要从了解部分性质为主转为把整体放在主要地位。普里高津（1998）指出，西方哲学一贯比较强调主体与客体之间的二元性，这与注重天人合一的中国哲学是相反的。中国哲学表达的是一种与西方哲学的经典还原论不同的整体自然观。朱清时、姜岩（2004）通过对古今中外科技历史的周密调查分析与思考，指出西方科学和东方科学的思想分别是还原论和整体论，认为西方科学面临着相对论、量子论、复杂科学、哥德尔不完备性定理等带来的重大挑战，单纯的还原论将导致科技发展与人类文明整体利益之间产生巨大冲突，并将导致人类发展道路出现问题。

这些关于西方科学局限性的论述表明，以还原论为指导思想的西方科学的局限产生的根本原因，就在于其缺乏整体论思想，而这恰恰是东方科学思想的核心。

正如宋正海、孙观龙（1999）所指出的，近代科学以牛顿力学为基础，建立起一个庞大的分析型的科学体系，在这个科学体系中，不同学科分门别类较为精细地研究自然界的各个方面，但一个明显的缺憾在于，着重于局部而忽略了整体；着重于结构而忽略了功能；着重于线性运动而忽略了非线性运动。总之，长于分析而短于综合。然而，客观世界的物质运动毕竟是局部和整体的结合、结构和功能的结合、线性运动和非线性运动的结合，因此，科学研究不能忽略综合而只重分析。

李约瑟所谓的"有机论自然观"正是中国传统思维中的系统思维观点，即认为天、地、生、人等宇宙万物之间存在着复杂的内在联系，每种现象均在某一层次、在某种程度上与其他现象相联系。整体论的思想之中蕴含着整体和谐、有机论、演化发展和相反相成等思想，这些思想在《道德经》中得到了集大成的体现。宇宙是"无中生有",宇宙的本原是"无",而天地万物都是从"无"中逐步变化、生成、发展而来的。《道德经》着重探讨的就是事物的功能与变化、事物之间的联系与关系,以及它们是如何在对立统一中实现和谐平衡的,而基本上未注意构成万物的元素或其结构形式。因此,中国古代科学思想是整体的,而不是还原的;是有机的,而不是机械的。(朱清时,姜岩,2004)。宇宙和其中的所有事物都是通过对立统一得到发展从而达到平衡的。

"道"是一个难以理解的概念,不少人尝试用现代科学的概念来解释"道",但都无法取得令人满意和信服的结果。这是由于"道"这一本原的东方概念与西方概念分属两个不同范畴,适用范围不同,无法相互套用。因此,加深对"道"的理解,了解"道"在西方世界的传播过程及遇到的问题,有助于更加深入和精准地把握中国古代思想的精华。

"道"在《道德经》中一共出现76(一说73、74)次,这些文字符号形式相同但意义各异的"道"字,可分为语言学意义上的"道"和哲学意义上的"道"。前者当中由于没有哲学内容,所以不作为本书考察的对象。作为哲学意义上的"道",在《道德经》中又具有许多种不同的含义。道,作为核心观念,意义分为三类:"形而上的实存""一种规律""人生的一种准则、指标或典范"。道,涵盖了由现实生活到宇宙本源各个层面的哲学思考。由于其意义纷繁复杂,"道"的翻

<<< 第七章　汉语空间顺序原则的文化理据

译也体现出多样性。

《道德经》英译的第一个阶段，与《圣经》的含义相呼应，都是为实行殖民教化服务的。"道"首先被选择汉译《圣经》中的 words 或 Words。如《圣经》中的首句"In the beginning was the Word, and the Word was with God, and the Word was God."被译为"太初有道，道与上帝同在，道就是上帝"。这样一来，"道"的形象就被固化在"上帝"或"天主"的谕说中了。1895 年亚历山大（George G. Alexander）和 1969 年康德谟（Maxime Kaltenmark）《道德经》的译本，都直接以 God 来对译"道"，并认为"道"的内涵类似西方哲学中的"第一因"（infinite first cause）或造物主（The Creator）。译本具有浓厚的基督教意味，为基督教传入中国铺平了道路。这是一种西方文化的"文化扩张"，学术界称为"西学东渐"。

韦利（1999）并不是第一个将"道"译为"Way"的人，但他 1934 年的译本标志着西方广泛地将老子哲学认为是关注个人修养和自我教化的学说，崇尚无欲、无为、虚静与守下的原则。韦利的译文是"The Way and its Power: A Study of Tao Te Ching and its Place in Chinese Thoughts"。这里，虽然 Way 是大写的，也有某种超验和神的意味，但与《道德经》中描写的"大道""明道"，属于两个完全不同的概念指代体系。因此，许多以 Way 译《道德经》的译本，读完后，得不出道家（道教）"道"的完整概念。

20世纪末,随着汉学的发展,西方学者对"道"有了更深刻的认识,"道"被音译为"Tao"或"Dao"。在初大告、吴经熊、Henry Wei、林理彰、马拜的译本中,用"Tao"或"Dao"译"道",随后还会加上解释性、比附性的"Heaven's Way""Great Way"来解释。拉法格、陈张婉莘、何光沪等人则直接音译"道"为"Tao"或"Dao"。随着接受的深入,"道"的形象越来越逼近本真,即中国道体的本相。

在道教中,"道"是教义的核心,代表着本源和本性,被看作是宇宙的主宰者,既指"宇宙"这一本体,又指"自然"运行的法则和规律。如果翻阅词典,我们会发现"道"的本义是"道路",这也可以解释为何最初众多译者在翻译"道"时会选择"way"。然而,如果我们稍加思考就可以发现,《道德经》一书主要是在试图用"道"来描述世界的"本体"这一含义,这样看来,"way"显然不是很好的译法。因此,18世纪时,"道"以音译的方式"Tao"进入了英语世界。"道"译成"Tao"当然有一些好处,比如,它保留了"道"在原著中的原汁原味和声音效果,其陌生的诗学效果也可能会引起一些读者的兴趣和关注。但是,从语言学表层结构来分析,"Tao"却不再直接具有"道路"这一意象。近来,也有一些学者将"道"这一概念推而广之,引申进生活的各个领域。例如,Katie(2008)将"道"理解为"reality",并将这一句意译为You can't express reality in words。作为一名心灵书籍的畅销书作

第七章 汉语空间顺序原则的文化理据

家,考虑读者受众的接纳程度,这样的翻译显然也是出于更好地为西方读者所接受的目的。

从语境上看,"道可道,非常道"中"常"与"道"的语义关系非常密切。理亚格和韦利将之译为"不变的",即"unchanging"和"unvarying",辜正坤(2007)也将之译为"true and eternal"。"不变"虽说可以在一定程度上彰显"道"的永恒性,但忽视了"道"的另外一个重要的特点,那就是其"道"在"无"与"有"之间不断变化,我们称之为永恒流变性。翻译出"道"这种在大千世界之中变化灵动的特性才能在一定程度上脱离将其固化、封闭的束缚,还原其真实的、永恒的面目和形象。从这个角度看来,理亚格和韦利的翻译更像是把"道"推向固化、封闭的边缘。理亚格经常在译介的注释中将"道"与"上帝"进行类比。韦利更是将"此二者,同出而异名"译为 These two things issued from the same mould, but nevertheless are different in name(韦利,1999)。这里的 mould 同 mold,意为"模型""模板",不禁让人联想到西方哲学中柏拉图的"绝对理念"。在第四章中韦利就用"非物质的玄象"(substanceless image)来定义"道"的本质,证实了此前的猜想(韦利,1999)。德卡罗(2006)将"常"理解为"constant renewal",这虽然已经高于翻译范畴,却是较为合理的一种理解。

在现当代学者对"道"的翻译和阐述中,美国当代学者韦恩·戴尔(Wayne W. Dyer)很具有代表性。他认为,从

"无"到"有",就是"从刻意去做到自然而然去做"的养成。同时,他认为"体道"不是"无为",而是自然为之。行道,实际上就是一种自然而然地向着神秘境界的探寻,在神秘境界的探寻中,你会寻找到你自己的体道方式(Dyer,2007)。在他看来,大道归一,但道之于每个人又呈现出纷繁复杂的多种形态。最终,他更是把"道"的神秘与西方宗教中"赐福"的概念联系到一起,体现出强烈的西方人解读中国经典时为吾人给出的认识经典的新视角,亦体现出西方人对中国经典的强烈需求。

《道德经》在中国人看来是先哲经典,它对我们的影响可以分为两个层面,一是思想,二是世俗。二者在表象上密不可分,但是在层次、性质方面有明显差别。西方对道术不做细分,"形而上"与"形而下"区分并不明显。因为文化背景不同,中西方思维差异很大。西方人认为东方人说话深不可测,语义混沌不分,无法理出头绪,听起来云里雾里。可是东方人却觉得西方人待人接物时处理得太过直接,不够圆滑,有些时候甚至会觉得他们办事简单、幼稚、不谙世事。总之,西方人常常把复杂问题简单化;东方人常常把简单问题复杂化。所以东西方在进行沟通时常常会出现各种各样的麻烦。然而,无论是世间万物,还是人间百态,存在差异性是绝对的,差异并不是问题。所以看问题时我们不应该只站在一个角度,应当融通各家之言,取长补短,从而形成一种相对完整、准确的看法。

第七章　汉语空间顺序原则的文化理据

于是，跨文化传播与沟通就显得尤为重要，翻译在文化传播中举足轻重的地位也让其扮演了重要的角色。

在研究西方人的《道德经》译本时，我们会发现有些内容已经习以为常，但西方人常常会给我们带来惊喜，用意想不到的角度对原文本进行阐释，让我们大呼惊奇，因看不到原文本而感到遗憾。从这个意义上讲，西方译者的解读也给我们指明了一些重新审视经典的新方法和新途径。当然，毋庸讳言，西方人在西方文化背景下有时也会出现明显误译，这在所难免。

当我们试图通过《道德经》的原文本和译本进行一场中西方思想对话时，我们发现，对于"道"的理解、阐释和翻译早已超越了文化的边界。一方面，"道"在我们的语境中并不是一种客观的实体存在，在西方译者看来，还会对"道"的意义存在艰难的取舍和犹豫不决，他们一方面想要把"道"抽象为一种本质存在，另一方面又在翻译实践中遭遇"道"的无形无踪，思维定式被反复打破，在这一过程当中，西方译者也在潜移默化地接受着《道德经》所带来的思想冲击。

从以上的研究中，我们不难看出，翻译与文化的有效传播是息息相关的。《道德经》本身所具有的多样性与开放性，让我们无论采取何种方式翻译都很难传递其本真、完整的意思。但是，也正是这种多样性和开放性给了众多译者和学者翻译和研究《道德经》的空间和动力，这无疑从另一个侧面推动了《道德经》文本的传播和发展。

目前，越来越多的学者对"象似性"语法研究逐渐产生兴趣，本身可看作对"象"及"象思维"的关注和认可。河清（2012）引用列维-斯特劳斯（Claude Levi-Strauss）的"文化多样性"和亨廷顿的"文化个性"的观点，认为以西方为中心的世界主义是国人心中慎重的文化自卑感的根源，严重阻碍了中国的文化自信，呼吁国人坚持中国的文化精神即"文化个性"。许江在该书代序中引用了列维-斯特劳斯的话说："每一个文化都是与其他文化交流以自养，但它应当在交流中加以某种抵抗。如果没有这种抵抗，那么很快它就不再有任何属于它自己的东西去交流"（河清，2012）。正如卡普拉（2016）所言，东西方思维是人类精神不同的、互补的两个方面，不能通过一个来理解或者试图推导出另一个，两者的存在都是必要的，只有灵活运用东西方思维相互补充，才能更加全面、完整地认识世界。中西方文化之间存在的不是"差距"，而是"差异"。当然，我们也不要妄自尊大，不能重蹈历史上蔑视西方的覆辙，而是应当兼收并蓄，既发挥我们自身的优势，又吸收外来的营养，取长补短，去粗取精。正如王文斌教授在其访谈录中所讲的：

> 我们可以借鉴西方的语言学理论，但不能做理论搬运工，亦步亦趋，永远跟在别人后面跑，找不到自己的路。国外出现新的理论，我们忙着引介，然后应用，偶尔提出

<<< 第七章 汉语空间顺序原则的文化理据

质疑,而且常常是当国外语言学者提出理论质疑时,我们才敢肯定自己之前的质疑,换句话说,在理论创新方面,国内学者在很多情况下缺乏大胆的精神……希望通过对汉语语言的深入分析,提出自己的语言学理论,以解决合乎汉语实际的语言研究难题。……只有建构起自己的理论,才能真正在国际学界有自己的声音和立场。……无论在思想上还是方法上,面向国际,具有国际视野,但是还要始终立足于本族语,以对比的视角和方法,对国际学界做出有汉语特色的贡献,为中国语言学提出更加科学和自主的理论(张媛,2019)。

本章尝试探讨汉语空间顺序原则的文化理据。本章在文化语言学的视野下,将前文描述的语言现象和总结出来的语序规律上升到民族文化和民族思维的高度。本章首先通过全面细致回顾萨丕尔的"语言—文化观",甄别语言与文化领域几对易混淆的概念,阐述了文化对语言的多维影响,随后用丰富的例证和翔实的解释来呈现汉语民族的时空隐喻偏好及其独特的时空观。本章最后将汉语民族的这种时空隐喻偏好和时空观点归于汉语民族的整体思维,引用古今中外学者的相关论述,结合对"道"这一核心概念的阐释,提出应重视对汉语民族的思维特质的总结,在对外交流中坚守自身,同时兼收并蓄,坚持并发展文化自信。

第八章 结 语

第一节 研究发现与创新

本书以汉语的强空间性特质观（王文斌，2013a，2013b，2019）为视野，反思戴浩一提出的时间顺序原则，发现作为一条象似性语序规律的时间顺序原则，其适用范围有限，而空间顺序原则作为汉语语序的主导性原则，在语言的各个层面均有较为充分的体现，汉语倾向于通过空间关系和顺序隐喻时间关系和顺序。汉语具有较强的空间顺序象似性特质，这从中华传统文化的脉络中可以窥见一斑。空间顺序原则作为汉语的主导性语序原则，反映了中华民族从远古走来五千年历史的心路历程和思维沉淀，值得深入研究。本书对于阐明语言的语法结构与文化之间不可分割的重要关联也具有一定的意义。

本书主要的研究发现可以概括为以下四个方面。

第一，真实语言中的语序是语义范畴的临摹原则和语法范畴的抽象原则相互作用的结果，在观察和讨论语言的象似性规律时，应充分顾及固定句式和句中其他组分语义的相互影响。在语言的各结构中，并列结构内部各语言要素之间的地位是最接近平等的，受语义牵制的可能性较低，更易于准确观察语序象似性规律。因此，不仅连谓结构应作为检验语序象似性规律的标准结构，而且语言各结构中的并列结构也应作为研究语言语序象似性规律的主要考察对象。

第二，人类对时间的一般认知具有线性、单向、不可逆的共同特征，对于时间流动具有较为近似的体验。由先到后的排列顺序是人类的一般认知规律，这种共性也必然会反映于语言表达。时间顺序规律是人类语言的基本规律，而不是汉语的特殊规律。时间顺序原则的确存在于汉语，但并非汉语所独有，因此，将其作为"能够揭示汉语独有的基底的观念原则"并不太合适。语言的顺序象似性源自时间顺序原则，而二者并非等同。汉语能否像大多数印欧语一样把"时间顺序"当作"顺序象似性"的原则，这值得探究。

第三，汉语除了可将时间隐喻为二维或三维空间概念之外，甚至可用多种具体事物来代指时间，这是英语所不具备的。汉语中表示时间概念的单位词通常源自其表示的具体的物象概念。同时，汉语中许多时间词兼具丰富的时间概念和空间概念。这些特性都是英语所不具备的。汉语民族通过空间概念来感知、理解并描述时间概念，形成了独特的时空观。汉语通过"观物—取象—择言",将时间概念纳入空间概念,使其成为其一个次类。空间概念是中华文化的基底概念,空间概念包含着时间概念,是汉语民族观察、感知客观世界并对其概念化的主导性观念。

第四,从顺序象似性的观点看,人们感知事物的顺序和描述事物的顺序通常是一致的。汉语民族在对客观世界概念化的过程中,遵循着特定的空间顺序规律,影响着各个层次不同成分的组成顺序。空间顺序象似性是汉语顺序象似性的基础,具有主导性作用,在语法中表现为空间顺序原则,具体表现为:汉语中两个层次、级别相同的语法单位的相对次序与其所表示的概念领域里从大到小的顺序契合。

概言之,本书尝试在汉语具有强空间性特质这一观点下,探讨戴浩一提出的汉语时间顺序原则,虽发现象似性语序对汉语研究具有重要价值,但也发现时间顺序原则存在研究对象、个性共性、适用性等方面的问题。本书通过对汉语民族时空隐喻偏好的分析,从传统文化脉络中观照汉语民族的时空观及其思维方式,并以英语为比照,揭示汉语具有较强的空间顺序象似性,其语序的主导性原则是空间顺序原则,而时间顺序原则只是汉语语序的一条从属性原则。空间顺序原则可以有效解释汉语合成词的语素语序、多项状语之间的优势语序、铺排列举结构中的排列顺序以及描写性语篇的逻辑顺序等不同层面的语序事实。

第八章 结　语

　　本书涉及语言象似性语序规律的研究对象、时间顺序规律的共性、英汉时空隐喻特征、英语参照下的汉语的主导性语序规律等问题，并取得了具有一定突破性的成果，对象似性规律、空间顺序原则、汉语独特的时空感等一系列假设做了论证和论述，破除了一些认识误区。就此而言，本书对英汉对比研究和翻译研究都具有创新价值。本书运用语法语义、语言类型和语用认知多个视角对汉语语序研究现状做了剖析，继而展开对英汉时空差异的分析，并抓住时间顺序原则的三个主要问题作为铺垫，对汉语空间顺序原则与时间顺序原则做关系上的辨析，以系统的整体性和系统内部各要素的一致性为考量，全面展现空间顺序原则在汉语中的体现，使得许多看似不相关的语序现象呈现为一条主导性语序原则。本书基于大量语言事实，坚守问题意识，层层推进，陈述事实，思辨推理，得出创新性结论：并列结构是语序象似性研究对象，奠基了语序研究的基础性理论问题；时序象似性与语言顺序象似性有关但不等同，厘清了以往时序研究的问题症结；英汉语序具有不同时空取向；汉语的主导性语序是"空间顺序象似性"，体现为空间顺序原则。

　　对于戴浩一（1988）提出的汉语的"时间顺序原则"，本书提出不同的看法，阐发不同的学术思想，认为汉语语序的主导性原则是"空间顺序原则"而不是"时间顺序原则"，"时间顺序原则"只是汉语语序的次要原则。这一新观点在学界很有可能会引起争议，但学术始终是在观点的交锋与论争中向前推进的。没有论争，学术就会裹足不前。

第二节 研究局限与不足

本书虽然提供了诸多例证，并且归纳出汉语空间顺序原则的基本内涵和汉语时间词的时间概念和物象概念，力图摆事实，讲道理。然而，汉语的语序现象本身十分复杂，牵涉的层面多而广，由于知识有限性和理性有限性，加之个人学识肤浅寡陋，学术功力不济，研究结论尚待学界考察检验。本书作为一篇理论探索性的专著，对汉语的空间顺序原则的阐述还存在一定的局限性，主要表现在以下三个方面。

第一，本书以英汉时空性差异观为理论视角，侧重于对汉语语序规律的探究，探讨汉语的空间顺序原则的过程中，适当地使用了英语作为参照，但英汉对比做得还很不够，尚缺乏对英语主导性语序规律的探索和研究。

第二，研究以质性为主，缺少量性研究，研究素材尚不充分，语料多样性不足，尚未开展基于语料库的系统研究。我们说"汉语具有强空间性特质，英语具有强时间性特质"，只是表明汉英民族对时空性特质的偏好。实际上，汉语与英语兼具空间性与时间性，其区别只是在于其时空性倾向程度的强弱差异。量性研究将有助于我们思考汉语空间顺序原则所反映出的汉语空间性的程度。此外，还可以考虑必要的心理实验，对本书的结论进行交叉验证，通过考察汉语空间顺序原则的在线加工，验证汉语的空间顺序原则是否具有心理现实性，提高结论的可信度与说服力。

第三，限于篇幅，仍有诸多值得研究的话题没有展开。（1）汉语的空间顺序原则的各基本内涵之间是否存在清晰、可归纳概括的逻辑关系？（2）汉语空间顺序原则的文化理据内部是否可以挖掘整理出系统性？（3）从历时的角度看，汉语的象似性语序规律呈现出何种变化？语言接触在其中发挥了怎样的作用？（4）作为自然语序临摹原则的主导性特征，汉语空间顺序原则是如何与特异语序等发生相互作用的？它们的启动机制和条件是什么？即在何种条件下启动特异语序语言机制？（5）对于其他学者提出的另外一些临摹原则，如语义就近原则（袁毓林，1999）、联系项句中原则（刘丹青，2003）、信息结构原则（刘丹青，2003）、可别度领前原则（陆丙甫，2005），如何在空间顺序原则下解释它们？空间顺序原则与阚哲华（2000）提出的"（原位、中位、终位）方位主义观"和鲁川（2001）提出的"时空事理先后律、时空地位大小律、信息旧新轻重律"之间是什么关系？这些问题留待后续讨论研究。

参引文献

中文文献

著作

[1]曹雪芹.红楼梦[M].北京：人民文学出版社，1791/2018.

[2]常敬宇.汉语词汇文化[M].北京：北京大学出版社，1995/2009.

[3]崔应贤，等.现代汉语定语的语序认知研究[M].北京：中国社会科学出版社，2002.

[4]戴浩一.再论时间顺序原则.认知语法与对外汉语教学论集[M].北京：北京语言大学出版社，2011.

[5]德卡罗.成圣之思辨[M].古滨河，译.北京：中国对外翻译出版公司，2006.

[6]丁声树.现代汉语语法讲话[M].北京：商务印书馆，1961.

[7]董秀芳.词汇化：汉语双音词的衍生和发展[M].成

都：四川民族出版社，2002.

[8]费孝通．乡土中国[M]．北京：人民出版社，2008.

[9]冯时．中国古代的天文与人文[M]．北京：中国社会科学出版社，2006.

[10]龚鹏程．文化符号学：中国社会的肌理与文化法则[M]．上海：上海人民出版社，2009.

[11]辜正坤．道德经[M]．北京：中国对外翻译出版公司，2007.

[12]郭熙煌．语言空间概念与结构认知研究[M]．武汉：湖北教育出版社，2012.

[13]海伦·凯勒．假如给我三天光明[M]．南京：译林出版社，2020.

[14]韩巍峰．语序类型学主题与主题标记结构[M]．上海：上海外语教育出版社，2013.

[15]河清．破解进步论：为中国文化证明[M]．北京：中央编译出版社，2012.

[16]洪堡特．论人类语言结构的差异及其对人类精神发展的影响[M]．姚小平，译．北京：商务印书馆，1999.

[17]胡明亮，郑继娥．汉英语序对比研究[M]．北京：中国社会科学出版社，2014.

[18]黄河．常用副词共现时的次序[M]//北京大学中文系．缀玉二集．北京：北京大学出版社，1990.

[19]甲柏连孜．汉文经纬[M]．北京：外语教学与研究出版社，2015．

[20]贾珺．北京四合院[M]．北京：清华大学出版社，2009．

[21]卡普拉．物理学之"道"：近代物理学与东方神秘主义[M]．朱润生，译．北京：中央编译出版社，2016．

[22]康健．汉语语序教学：遵循功能原则和概念原则[M]．北京：北京语言大学出版社，2015．

[23]考夫卡．格式塔心理学原理[M]．傅统先，译．北京：商务印书馆，1936．

[24]黎锦熙．新著国语文法[M]．北京：商务印书馆，1933．

[25]李艳．20世纪《老子》的英语译介机器在美国文学中的接受变异研究[M]．武汉：湖北人民出版社，2009．

[26]李约瑟．中国古代科学[M]．李彦，译．北京：中华书局，2017．

[27]连淑能．英汉对比研究[M]．北京：高等教育出版社，2010．

[28]梁治平．寻找自然秩序中的和谐：中国传统法律文化研究[M]．北京：商务印书馆，2013．

[29]廖庶谦．对于"中国文法革新讨论"的批评[M]//陈望道，等．中国文法革新论丛．北京：商务印书馆，1940．

[30]刘丹青.语序类型学与介词理论[M].北京:商务印书馆,2003.

[31]刘文英.中国古代的时空观念[M].天津:南开大学出版社,2000.

[32]刘晓林,等.历史语言学视野下的英汉语序对比研究[M].上海:上海外语教育出版社,2015.

[33]刘月华.状语的分类和多项状语的顺序[M]//吕叔湘,朱德熙,等.语法研究和探索1.北京:北京大学出版社,1983.

[34]鲁川.汉语语法的意合网络[M].北京:商务印书馆,2001.

[35]陆丙甫.汉语语序的总体特点及其功能解释:从话题突出到焦点突出[M]//中国社会科学院语言研究所编辑部.庆祝《中国语文》创刊50周年学术论文集.北京:商务印书馆,2004.

[36]吕叔湘,朱德熙.语法修辞讲话[M].北京:中国青年出版社,1952.

[37]吕叔湘.通过对比研究语法[M]//杨自俭,李瑞华.英汉对比研究论文集.上海:上海外语教育出版社,1990.

[38]吕叔湘.中国文法要略[M].北京:商务印书馆,1982.

[39]罗常培.语言与文化[M].北京:北京出版社,2011.

[40]罗钢．文化研究读本[M]．北京：中国社会科学出版社，2000．

[41]罗贯中．三国演义[M]．北京：人民文学出版社，2018．

[42]马建忠．马氏文通[M]．北京：商务印书馆，1983．

[43]潘文国．汉英语对比纲要[M]．北京：北京语言文化大学出版社，1997．

[44]桥本万太郎．语言地理类型学[M]．北京：北京大学出版社，1985．

[45]萨丕尔．萨丕尔论语言、文化与人格[M]．高一虹，译．北京：商务印书馆，2011．

[46]萨丕尔．语言论：言语研究导论[M]．陆卓元，陆志韦，译．北京：商务印书馆，2011．

[47]申小龙．语言的文化阐释[M]．北京：知识出版社，1992．

[48]申小龙．中国文化语言学[M]．长春：吉林教育出版社，1990b．

[49]沈家煊．汉语大语法五论[M]上海：学林出版社，2020b．

[50]沈家煊．名词和动词[M]．北京：商务印书馆，2006．

[51]沈家煊．语法六讲[M]．北京：商务印书馆，2011．

[52]盛文忠．汉日语语序对比研究——基于语言类型学的

考察[M].北京:外语教学与研究出版社,2014.

[53]施耐庵,罗贯中.三国演义[M].北京:人民文学出版社,2018.

[54]孙世恺.雄伟的人民大会堂[M]//何平.新华社记者笔下的新中国.北京:新华出版社,2009.

[55]索绪尔,费尔迪南·德.普通语言学教程[M].高名凯,译.北京:商务印书馆,1985.

[56]王翠.语言类型学视野下的俄汉语序对比研究[M].上海:上海三联书店,2014.

[57]王菊泉,郑立信.英汉语言文化对比研究:1995—2003[M].上海:上海外语教育出版社,2004.

[58]王力.中国现代汉语[M].北京:商务印书馆,1985.

[59]王鹏,等.经验的完形:格式塔心理学[M].济南:山东教育出版社,2009.

[60]王文斌.论英汉的时空性差异[M].北京:外语教学与研究出版社,2019.

[61]王寅.中国语言象似性研究论文精选[M].长沙:湖南人民出版社,2009.

[62]王宗炎.语言问题探索[M].上海:上海外语教育出版社,1985.

[63]韦利.道德经[M].北京:外语教学与研究出版社,1999.

[64]吴承恩.西游记[M].北京:人民文学出版社,2018.

[65]吴礼权.汉语名词铺排史[M].广州:暨南大学出版社,2019.

[66]席建国.语言类型学视角下的英汉语序比较[M].北京:北京大学出版社,2016.

[67]邢福义.文化语言学[M].武汉:华中师范大学出版社,2019.

[68]徐通锵.汉语结构的基本原理[M].青岛:中国海洋大学出版社,2005.

[69]徐文兵.字里藏医[M].北京:华龄出版社,2020.

[70]许渊冲.译笔生花[M].郑州:文心出版社,2005.

[71]于春海.易经玄妙的思维模式[M].延吉:延边大学出版社,1998.

[72]袁毓林.多项副词共现的语序原则及其认知解释[M]//北京大学汉语语言学研究中心《语言学论丛》编委会.语言学论丛(第26辑).北京:商务印书馆,2002.

[73]张伯江.深化汉语语法事实的认识[M]//商务印书馆编辑部.21世纪的中国语言学.北京:商务印书馆,2004.

[74]张伯江.性质形容词的范围和层次[M]//中国语文杂志社.语法研究和探索(八).北京:商务印书馆,1997.

[75]张赪.汉语介词词组词序的历史演变[M].北京:北京语言文化大学出版社,2002.

[76]张赪.汉语语序的历史发展[M].北京：北京语言大学出版社,2010.

[77]张岱年,成中英.中国思维偏向[M].北京：中国社会科学出版社,1991.

[78]赵元任,李荣.北京口语语法[M].上海：开明书店,1952.

[79]赵元任.汉语口语语法[M].北京：商务印书馆,1979.

[80]赵元任.中国话的文法[M].丁邦新,译.香港：香港中文大学出版社,1980.

[81]中国社会科学院语言研究所词典编辑室.现代汉语词典[M].北京：商务印书馆,2016.

[82]朱德熙.语法答问[M].北京：商务印书馆,1985.

[83]朱德熙.语法讲义[M].北京：商务印书馆,1982.

[84]朱清时,姜岩.东方科学文化的复兴[M].北京：北京科学技术出版社,2004.

期刊

[1]艾瑞.汉语的"空序律"与英语的"时序律"[J].国际援助,2021a(9).

[2]艾瑞.论语言对智力的二元影响[J].哈尔滨师范大学社会科学学报,2021b(5).

[3]艾瑞.萨丕尔的"语言—文化观"再认识[J].文化创新

比较研究，2021c，5(34).

[4]艾瑞.文化翻译视角下《道德经》中核心概念的翻译[J].现代英语，2021d(10).

[5]陈燕，黄希庭.时间隐喻研究述评[J].心理科学进展，2006(4).

[6]陈运香.萨丕尔-沃尔夫语言相对论对语言文化对比研究的启示[J].西安外国语学院学报，2007(1).

[7]成中英.中国语言与中国传统哲学思维方式[J].哲学动态，1988(10).

[8]崔靓，王文斌.关于汉语流水句的再分类[J].解放军外国语学院学报，2019b(4).

[9]崔靓，王文斌.汉英对动作和时间的不同概念化：时空性差异的映显[J].外语教学理论与实践，2019(1).

[10]戴浩一.时间顺序和汉语的语序[J].黄河，译.国外语言学，1988(1).

[11]戴浩一.以认知为基础的汉语功能语法刍议(上)[J].叶蜚声，译.当代语言学，1990(4).

[12]戴浩一.以认知为基础的汉语功能语法刍议(下)[J].叶蜚声，译.当代语言学，1990(1).

[13]董秀芳.整体与部分关系在汉语词汇系统中的表现及在汉语句法中的突显性[J].世界汉语教学，2009，23(4).

[14]方梅.宾语与动量词语的次序问题[J].中国语文，

1993(1).

[15]顾海峰.国内语言符号任意性与象似性学术争鸣述评[J].四川外国语大学学报,2006(2).

[16]何清强,王文斌.空间性特质与汉语的个性特点——从离合词的成因谈起[J].上海外国语大学学报,2016,39(1).

[17]何清强,王文斌.时间性特质与空间性特质：英汉语言与文字关系探析[J].中国外语,2015,12(3).

[18]侯福莉.人文学者爱德华·萨丕尔的跨学科语言研究[J].西安外国语大学学报,2010,18(1).

[19]黄传惕.古代艺术的宝库——故宫博物院[J].地理知识,1979(11).

[20]季国清.语言的本质在"遥远的目光"中澄明——语言哲学的新视野[J].黑龙江大学学报,1998(3).

[21]蒋平.语言结构的空间顺序[J].解放军外国语学院学报,2004(1).

[22]蒋绍愚.抽象原则和临摹原则在汉语语法史中的体现[J].古汉语研究,1999(4).

[23]金泓,黄希庭.时空隐喻研究的新问题：时间表征的左右方向性[J].心理科学进展,2012,20(09).

[24]金立鑫.成分的定位和状语的顺序[J].汉语学习,1988(1).

[25]阚哲华.时间顺序原则和时间范围原则述评[J].韶

关大学学报(社会科学版),2000(5).

[26]蓝纯.从认知角度看汉语的空间隐喻[J].外语教学与研究,1999(4).

[27]李葆嘉.论索绪尔符号任意性原则的失误与复归[J].语言文字应用,1994(3).

[28]李葆嘉.论语言符号的可论证性、论证模式及其价值[J].江苏教育学院学报(社会科学版),1994(2).

[29]李葆嘉.荀子的王者制名论与约定俗成说[J].徐州师范学院学报,1986(4).

[30]李健,王文斌.论汉字表征的象和意[J].北京第二外国语学院学报,2020,42(3).

[31]李英哲.空间顺序对汉语语序的制约[J].汉语学报,2013(1).

[32]廖敏.试析《道德经》翻译的多样性[J].西南民族大学学报(人文社科版),2004(9).

[33]林宗宏.论汉语的"处所突显"性质[J].现代中国语研究,2008(10).

[34]刘丹青.汉藏语言的若干语序类型学课题[J].民族语文,2002(5).

[35]刘庚,王文斌.从构词词源看英汉时空性差异[J].外语学刊,2021(1).

[36]刘宁生.汉语偏正结构的认知基础及其在语序类型学

上的意义[J].中国语文,1995(2).

[37]卢卫中.词序的认知基础[J].解放军外国语学院学报,2002(5).

[38]陆丙甫.论"整体—部分、多量—少量"优势顺序的普遍性[J].上海外国语大学学报,2010(4).

[39]陆丙甫.语序优势的认知解释(上):论可别度对语序的普遍影响[J].当代语言学,2005,7(2).

[40]陆俭明.语言学论证中的证据问题[J].学术交流,2018(2).

[41]马庆株.多重定名结构中形容的类别和次序[J].中国语文,1995(5).

[42]孟宏党.萨丕尔-沃尔夫假说的欧洲渊源[J].外语与外语教学,2009(7).

[43]秦洪武.语言结构的顺序象似性[J].外语研究,2001(1).

[44]邵敬敏.从语序的三个平面看定语的移位[J].华东师范大学学报,1987(4).

[45]申小龙.人类文化的语言视界——论"萨丕尔—沃尔夫假说"[J].青海师范大学学报(哲学社会科学版),1990a(2).

[46]沈家煊.超越主谓结构:对言语法和对言格式[J].北京:商务印书馆,2019b.

[47]沈家煊.从语言看中西方的范畴观[J].中国社会科学,2017b(7).

[48]沈家煊.动主名谓句——为朱德熙先生百年诞辰而作[J].中国语文,2021(1).

[49]沈家煊.关于词法类型和句法类型[J].民族语文,2006(6).

[50]沈家煊.汉语里的名词和动词[J].汉藏语学报,2007(1).

[51]沈家煊.汉语有没有"主谓结构"[J].现代外语,2017a,40(01).

[52]沈家煊.句法的象似性问题[J].外语教学与研究,1993(1).

[53]沈家煊."名动词"的反思:问题和对策[J].世界汉语教学,2012(1).

[54]沈家煊.说四言格[J].世界汉语教学,2019a(3).

[55]沈家煊.我看汉语的词类[J].语言科学,2009a(1).

[56]沈家煊.我只是接着向前跨了半步——再谈汉语的名词和动词[J].语言学论丛,2009b(40).

[57]沈家煊.有关思维模式的英汉差异[J].现代外语,2020a(1).

[58]史金生.情状副词的类别和共现顺序[J].语言研究,2003b(4).

[59]史金生.语气副词的范围、类别和共现顺序[J].中国语文,2003a(1).

[60]孙良明,金敬华.正确对待外来理论——谈对"时间顺序原则"的评价及运用[J].语言教学与研究,2002(4).

[61]谭静.《道德经》翻译中的中西思维差异[J].华中师范大学研究生学报,2006(3).

[62]王艾录.关于语言符号的任意性和理据性[J].解放军外国语学院学报,2003(6).

[63]王丹,张积家.英汉语言的时空特性与民族时空思维偏好[J].北京第二外国语学院学报,2021(6).

[64]王佳敏,王文斌.汉英时间词空间化特质及其语言蕴含共性[J].语言科学,2021(2).

[65]王佳敏.从汉语语序看汉语的强空间性特质[J].湖北工程学院学报,2021(4).

[66]王军.如何精确理解"整体—部分"的优势顺序——兼论陆丙甫先生的分析方法[J].外国语(上海外国语大学学报),2012(1).

[67]王树人.中国的"象思维"及其原创性问题[J].学术月刊,2006(1).

[68]王树人.中国哲学与文化之根——"象"与"象思维"引论[J].河北学刊,2007(5).

[69]王文斌,崔靓.语言符号和修辞的多样性和民族性

[J].当代修辞学,2019(1).

[70]王文斌,何清强.汉英篇章结构的时空性差异——基于对汉语话题链的回指及其英译的分析[J].外语教学与研究,2016(5).

[71]王文斌,何清强.论汉英篇章构建的时空性差异[J].山东外语教学,2017(2).

[72]王文斌,李雯雯.中国高阶英语习得中的时间状语与一般过去时关系研究——以英汉时空性差异为视角[J].外语教学,2021c(4).

[73]王文斌,李雯雯.中国高阶英语习得中时间状语从句与一般过去时关系研究——以英汉时空性差异为视角[J].外语界,2021a(1).

[74]王文斌,李雯雯.中国高阶英语习得中时间状语从句语序分布与一般过去时关系研究——以英汉时空性差异为视角[J].外语电化教学,2021b(2).

[75]王文斌,刘庚.侧显化视角下英语名词源于动性词根的成因分析[J].外语教学与研究,2020(2).

[76]王文斌,柳鑫淼.汉语会意字构造与意合表征方式的相承关系[J].当代修辞学,2020(1).

[77]王文斌,宋聚磊.象似性视野下的英汉名词重叠对比[J].外语与外语教学,2020(1).

[78]王文斌,陶衍.汉语先行语句法成分对零形回指解析

加工策略之影响[J]. 外语教学, 2019a(5).

[79]王文斌, 陶衍. 英汉时空性思维差异影响中阶英语学习者的实证研究——以对回指形式和一致性的习得为例[J]. 外语教学理论与实践, 2020(3).

[80]王文斌, 陶衍. 英语时间性思维特质影响其语言加工的实证研究[J]. 上海交通大学学报(哲学社会科学版), 2019b, 27(05).

[81]王文斌, 王佳敏. 汉英日时间表达的空间隐喻系统——以方位时间词为例[J]. 中国外语, 2021(5).

[82]王文斌, 于善志. 汉英词构中的空间性和时间性特质[J]. 解放军外国语学院学报, 2016(6).

[83]王文斌, 张媛. 主观化视角下的"有"义及其用法探讨[J]. 外国语(上海外国语大学学报), 2019, 42(05).

[84]王文斌, 赵朝永. 汉语流水句的分类研究[J]. 当代修辞学, 2017a(1).

[85]王文斌, 赵朝永. 汉语流水句的空间性特质[J]. 外语研究, 2016(4).

[86]王文斌, 赵朝永. 论汉语流水句的句类属性[J]. 世界汉语教学, 2017b, 31(02).

[87]王文斌, 赵轶哲. 论超常规四字格成语与汉语强空间性表征的同质性[J]. 当代修辞学, 2021(1).

[88]王文斌. 从独语句的存在看汉语的空间性特质[J].

当代修辞学, 2018(2).

[89]王文斌. 论英汉表象性差异背后的时空特性——从Humboldt的"内蕴语言形式"观谈起[J]. 中国外语, 2013a, 10(3).

[90]王文斌. 论英语的时间性特质与汉语的空间性特质[J]. 外语教学与研究, 2013b, 45(2).

[91]王亦高. 试论语言与文化的互动关系——以"萨丕尔-沃尔夫假说"视角下的中英文时空观为例[J]. 国际新闻界, 2009(5).

[92]王寅. Iconicity 的译名与定义[J]. 中国翻译, 1999(2).

[93]王寅. 象似说与任意说的哲学基础与辩证关系[J]. 解放军外国语学院学报, 2002(2).

[94]文旭. 词序的拟象性探索[J]. 外语学刊, 2001(3).

[95]文旭. 论语言符号的距离象似性[J]. 外语学刊, 2000(2).

[96]吴念阳, 等. 空间图式加工促进方向性时间表述的理解[J]. 心理科学, 2007(4).

[97]吴银平, 等.《黄帝内经》语篇顺序象似性与翻译的连贯性[J]. 中华中医药杂志, 2015, 30(1).

[98]萧师毅, 池耀兴. 海德格尔与我们《道德经》的翻译[J]. 世界哲学, 2004(2).

[99]徐建华.多项多元性单音形容词定语的语序规则[J].汉语学习,1996(3).

[100]徐通锵.语义句法刍议——语言的结构基础和语法研究的方法论初探[J].语言教学与研究,1991(3).

[101]许国璋.语言符号的任意性问题——语言哲学探索之一[J].外语教学与研究,1988(3).

[102]严辰松.语言理据探究[J].解放军外国语学院学报,2000(6).

[103]严辰松.语言临摹性概说[J].国外语言学,1997(3).

[104]杨丽,文秋芳.汉、英母语者空间感知倾向对句子在线加工的影响[J].外语教学与研究,2017,49(4).

[105]杨柳,衡浏桦.《道德经》的诗学特色与翻译[J].中国翻译,2011,32(6).

[106]张德勋.文字学与古籍的翻译[J].上海交通大学学报,2000(2).

[107]张建理,丁展平.时间隐喻在英汉词汇中的对比研究[J].外语与外语教学,2003(9).

[108]张开焱.楚帛书四神时空属性再探——兼论中国上古神话空间优势型时空观[J].文学遗产,2021(3).

[109]张敏.时间顺序原则与像似性的"所指困境"[J].世界汉语教学,2019,33(02).

[110]张兴.时间顺序原则与日语语序[J].解放军外国语学院学报,2005(1).

[111]张媛.胸怀国际视野,脚踏中国实际,提升理论自觉——王文斌教授访谈录[J].山东外语教学,2019(1).

[112]张喆.我国的语言符号象似性研究[J].外语学刊,2007(1).

[113]赵朝永,王文斌.汉语流水句与英语复杂句结构特性对比:英汉时空特质差异视角[J].外语教学,2020b(5).

[114]赵朝永,王文斌.基于时体对比方法的教学效果研究——以英汉时空性特质差异为视角[J].外语电化教学,2020a(3).

[115]赵朝永,王文斌.中国学习者英语时体习得偏误分析:英汉时空差异视角[J].外语教学理论与实践,2017(4).

[116]赵彦春.符号象似性与任意性问题的辨析[J].山东外语教学,2001(4).

[117]赵轶哲,王文斌.从偶对式成语非均质性及其英译看汉语的强空间性特质[J].上海翻译,2020(3).

[118]朱长河.语言的象似性问题:外界的质疑与自身的应答[J].山东外语教学,2005(1).

[119]祝丽丽,王文斌.论沃尔夫的语言相对性原则[J].外国语文,2021(2).

[120]祝丽丽,王文斌."在"的词类属性再认识[J].外语

研究, 2019(5).

[121]袁毓林. 定语顺序的认知解释及其理论蕴涵[J]. 中国社会科学, 1999(2).

其他文献

赵轶哲. 论汉英习语的时空性差异[D]. 北京外国语大学, 2021.

崔靓. 从汉语流水句及其英译看汉英句构的空间性和时间性差异[D]. 北京外国语大学, 2017.

艾瑞. 哲学阐释学视角下《道德经》译者主体性和翻译主体间性研究[D]. 首都师范大学, 2013.

楼宇烈, 等. 中国当然有传统哲学[N]. 人民日报海外版, 2016-06-07(10).

张伯江. 改革开放四十年的语言学研究[R/OL]. [2022-2-26]. 2018. http：//ex.cssn.cn/wx/wx_yczs/201808/t20180807_4524870.shtml.

英文文献

著作

[1]AIKHENVALD A, DIXON R. Serial Verb Constructions: A Cross-Linguistic Typology [M]. Oxford: Oxford University Press, 2006.

[2] BOAS F. The Handbook of North American Indian

Languages[M]. Washington: Government Printing Office, 1911.

[3] CHAO Y R. A Grammar of Spoken Chinese [M]. Berkeley: University of California Press, 1968.

[4] CHAO Y R. Mandarin Primer: An Intensive Course in Spoken Chinese [M]. Cambridge: Harvard University Press, 1948/2014.

[5] DEFOE D. Robinson Crusoe[M]. New York: Dover Publications, 1719/1998.

[6] DYER W. Change Your Thoughts–Change Your Life: Living the Wisdom of the Tao[M]. Carlsbad: Hay House, 2007.

[7] GREENBERG J H. Universals of Language [M]. Cambridge: M. I. T. Press, 1963.

[8] GUMPERZ J, LEVINSON S. Rethinking Language Relativity[M]. Cambridge: Cambridge University Press, 1996.

[9] HAIMAN J. Iconicity in Syntax[M]. Amsterdam: Benjamins, 1985b.

[10] HAIMAN J. Incorporation, Parallelism, and Focus. Studies in Syntactic Typology, Hammond M, et al[M]. Amsterdam: Benjamins, 1988.

[11] HAIMAN J. Natural Syntax[M]. Cambridge: Cambridge University Press, 1985a.

[12] HOIJER H. Language in Culture: Conference on the In-

terrelations of Language and Other Aspects of Culture [M]. Chicago: University of Chicago Press, 1954.

[13] HUMBOLDT W. On Language [M]. Cambridge: CUP, 1999.

[14] KATIE B, MITCHELL S. A Thousand Names for Joy: Living in Harmony with the Way Things Are [M]. New York: Three Rivers Press, 2008.

[15] LAKOFF G, JOHNSON M. Metaphors We Live By [M]. Chicago: The University of Chicago Press, 1980.

[16] LI N, THOMPSON S. An Explanation of Word Order Change from SVO to SOV [M]. Foundations of Language, 1973a.

[17] LI N, THOMPSON S. Historical Change of Word Order: A Case Study of Chinese and Its Implications. Historical Linguistics, Anderson J. and C. Jones (ed.) [M]. Amsterdam: North - Holland, 1973b.

[18] LI N, THOMPSON S. Mandarin Chinese: A Functional Reference Grammar [M]. California: University of California Press, 1981.

[19] LI N, THOMPSON S. the Semantic Function of Word Order: A Case Study in Mandarin. In Charles N. Li. Word Order and Word Order Change [M]. Austin: University of Texas Press, 1975.

[20] LUCY J. Language Diversity and Thought [M]. Cambridge: Cambridge University Press, 1992.

[21] MOELLER H. The Philosophy of the Daodejing [M]. New York: Columbia University Press, 2006.

[22] Osgood C E. What Is a Language? [M]. Berlin: Springer Berlin Heidelberg, 1980.

[23] PEIRCE C S. Philosophical Writings [M]. Cambridge: Harvard University Press, 1932.

[24] PUTZ M, VERSPOOR M. Explorations in Linguistic Relativity [M]. Philadelphia: John Benjamins, 2000.

[25] SAPIR E. Language: An Introduction to the Study of Speech (Chapter 10 Language, Race and Culture) [M]. Beijing: Foreign Language Teaching and Research Press, 1921/2001.

[26] TAI, JAMES H Y. Temporal Sequence and Chinese Word Order [M]//HAIMAN J. Iconicity in Syntax, 49-72. Amsterdam: John Benjamins Publishing Company, 1985.

[27] TAI H Y, JAMES. (1976) on the Change from SVO To SOV in Chinese [M]//Parasession on Diachronic Syntax. Chicago Linguistics Society. Chicago: Chicago University Press, 1976.

[28] TAI H Y, JAMES. Chinese As A SOV Language [M]// CORUM C, et al. Papers from the Ninth Regional Meeting of Chicago Linguistics Society, Chicago: Chicago University

Press, 1973.

[29] WHORF B. Language, Thought and Reality[M]. Cambridge: The MIT Press, 1956.

期刊

[1] BORODITSKY L, FUHRMAN O, MCCORMICK K. Do English and Mandarin Speakers Think About Time Differently? [J]. Cognition, 2011, 118.

[2] BORODITSKY L. Does Language Shape Thought? Mandarin and English Speakers' Conceptions of Time[J]. Cognitive Psychology, 2001, 43(1).

[3] FUHRMAN O, MCCORMICK K, CHEN E, et al. How Linguistic and Cultural Forces Shape Conceptions of Time: English and Mandarin Time in 3D[J]. Cognitive Science, 2011, 35(7).

[4] GERSTL P, SIMONE P. A Conceptual Theory of Part-Whole Relations and Its Applications[J]. Data & Knowledge Engineering, 1996, 20(3).

[5] HAIMAN J. Iconic and Economic Motivation [J]. Language, 1983, 59.

[6] HAIMAN J. The Iconicity of Grammar: Isomorphism and Motivation[J]. Language, 1980, 56.

[7] JAKOBSON R. Quest for the Essence of Language[J]. Diogenes, 1965(51).

[8]KAYE S, DARNELL R. Edward Sapir: Linguist, Anthropologist, Humanist[J]. Modern Language Journal, 2010, 76(2).

[9] LIGHT T. Word Order and Word Order Change in Mandarin Chinese[J]. Journal of Chinese Linguistics, 1979(7).

[10] MEI, KUANG. Is Modern Chinese Really a SOV Language? [J]. Cahiers De Linguistique-Asie Orientale, 1980(7).

[11]SANTIAGO J, et al. Time (also)Flies from Left to Right [J]. Psychonomic Bulletin & Review, 2007, 14(3).

[12]SAPIR E. Culture, Genuine and Spurious[J]. American Journal of Sociology, 1924, 29(4).

[13] SAPIR E. The Status of Linguistics as A Science [J]. Language, 1929, 5(4).

[14]WINSTON M E, CHAFFIN R, HERRMANN D. A Taxonomy of Part-Whole Relations[J]. Cognitive Science, 2010.

[15]CRUSE D A. On the Transitivity of Part-Whole Relation [D]. Journal of Linguistics, 1986.

致　　谢

　　博观约取，厚积薄发。知之非艰，行之惟艰。本书是在我的博士学位论文的基础上修改而成的，它的问世离不开许多人的帮助和支持。

　　我要首先感谢我的博士生导师王文斌教授！我与老师初识于一场学术会议，一番攀谈之后，老师为当时正处于迷茫之中的我慷慨指明了学术方向。攻读博士期间，老师对我的关怀是无微不至的，多是雪中送炭，且于细微之处见真情。无论王老师多么忙碌，他总是把对学生的培养摆在重要的位置，为学生批改论文加班到凌晨是常有的事，对此我内心十分感激、不舍与愧疚。在我看来，王老师是严师，但他是"刀子嘴，豆腐心"，更准确地说，是"金刚嘴，菩萨心"，他说话到位而又有分寸，总是在我松懈的时候敲打鞭策我，而在我焦虑的时候鼓励宽慰我。时至今日，我深深地体会到老师的良苦用心。这几年，我时常感到有愧于老师的信任和付出，总觉得自己本可以更用功一些。面向未来，我会心怀感恩，把学到的东西举一反三，融会贯通，灵活地运用到人生的各个方面。

感谢封宗信教授、何伟教授、陈前瑞教授、于晖教授、史金生教授、王继红教授、文军教授等专家先后参加我的开题答辩、预答辩和答辩！他们的真知灼见启发我积极思考，并督促我对本书做了认真的修订。

感谢北京外国语大学提供的极好的学术氛围和研究条件！感谢中国外语与教育研究中心的刘润清教授、许家金教授、张天伟教授、徐浩副教授和语言研究所的韩宝成教授、姚小平教授、尹洪波副教授等老师们！他们在我攻读博士学位期间给予了我学业上的指导和鼓励，让我一步步接近并叩开了语言学殿堂的大门。同时，感谢外研中心办公室的李国玉老师、王伶老师、周倩老师在平日里的贴心照顾和细心帮助！

感谢我的硕士生导师封一函教授！他严谨的治学态度深深地影响了我，这为本书的研究打下了坚实的基础。感谢沈家煊教授、陈国华教授、郑也夫教授、徐文兵先生等专家为本书写作思路提供的重要借鉴和参考！感谢本书参引文献的作者们！他们的成果对本书的写作起到了重要的参考和指导作用。

感谢在我汉语和英语启蒙和学习阶段给予过我指导的老师们！他们让我掌握了汉语和英语的基本知识和用法，使我对语言研究产生了兴趣。他们是：陈幼珠老师、王丽薇老师、周国梁老师、陈丹卉老师、吴淞平老师、王辉老师、计静晨老师、王勤功老师、叶东生老师、邱耀德老师、刘晓红老师、赵岚老师、范岭梅老师、李娜老师、于江霞老师、杨波老师、连煦老

<<< 致　　谢

师、马科岩老师等。

感谢在我学习成长过程中不断帮助和鼓励我的老师们！他们是：刘新成老师、张雪老师、朱平平老师、常建勇老师、刘嘉老师、刘畅老师、李强老师、韩梅老师、赵秦岭老师、肖国光老师、刘营老师、吴晓璐老师、崔绍文老师、赵德永老师、徐青老师、李美联老师、孙丽民老师、宋永慧老师等。

感谢"王家班"的同门博士后赵朝永、李民、张媛、陶衍、李雯雯、杨静等和博士生赵轶哲、崔靓、宋聚磊、刘庚、祝丽丽、田苗、米娜、李会钦、豆涛、王佳敏、齐春平等在我研究的过程中给予我的无私帮助和不断鼓励！

感谢北京信息科技大学对我进修学习的支持！感谢外国语学院任维平教授、李淑琴教授和朱安博教授对我学术上的指引！感谢同事们对我的理解、关心和帮助！感谢我的学生们！在课堂内外与他们的讨论一直激发着我研究的热情，本书的部分语料是在他们的协助下收集完成的。

感谢郑北京老师、James Barnhart老师、刘彬老师、戴云老师、张子舒老师、杨辰老师等恩师和魏喆、马云轩、张少云、王子威等挚友长期以来给予我的帮助、支持与鼓励！

最后我要感谢我的家人！感谢我的父母！他们对我学术研究的支持同他们对我的爱一样，都是没有条件、不求回报的，正是他们的支持和爱让我能够全身心地投入写作之中。我的母亲在我读博期间不幸罹患癌症，但仍然保持坚强乐观，还时常鼓励我、开导我。博士学位论文行将收笔之时，母亲安详离世，我将母亲去世的悲痛化为了力量，并最终指引我完成定稿付梓。感谢我的爱人朱燕！在我写作的过程中，她默默承受了太多，给予了我常人难以想象的支持。她常常是我作品的第一位读者，有时还能在我左右为难的时候帮我拿定主意。我爱她！感谢我的女儿！我为有这样一个好女儿而感到骄傲！

  道阻且长，行则将至。持勤补拙，与巧者俦。我将继续前进，不断钻研，不辜负以上所有人的期待！